U0949447

“5·12”汶川大地震四川灾区公路

应急调查与抢通

主　编　　唐永建
副主编　　庄卫林
　　　　　吉随旺

人民交通出版社

内容提要

本书是根据四川省交通厅公路规划勘察设计研究院在抗震救灾期间，对20余条公路路段应急调查报告和抢通方案等资料的基础上编辑整理而成的，基本涵盖了四川省地震灾区国省主要干线。本书以震后调查第一手资料为主，重点突出公路震害和应急抢通措施与方案。

本书从路基路面、桥、隧等方面列举了大量的震害情况及典型震害图片，资料十分珍贵，对地震灾区公路的恢复重建、高烈度地区公路修建技术有重要的参考和研究价值。

图书在版编目（CIP）数据

"5·12"汶川大地震四川灾区公路应急调查与抢通／唐永建主编．—北京：人民交通出版社，2008.10

ISBN 978-7-114-07433-2

Ⅰ.5… Ⅱ.唐… Ⅲ.公路－地震灾害－防治－调查报告－四川省－2008 Ⅳ.U418.5

中国版本图书馆CIP数据核字（2008）第157131号

书　　名："5·12"汶川大地震四川灾区公路应急调查与抢通
著 作 者：唐永建
责任编辑：沈鸿雁　丁润铎
出版发行：人民交通出版社
地　　址：（100011）北京市朝阳区安定门外外馆斜街3号
网　　址：http：//www.ccpress.com.cn
销售电话：（010）59757969，59757973
总 经 销：北京中交盛世书刊有限公司
经　　销：各地新华书店
印　　刷：中国电影出版社印刷厂
开　　本：889 × 1194　1/16
印　　张：12.25
字　　数：362千
版　　次：2008年10月第1版
印　　次：2008年10月第1次印刷
书　　号：ISBN 978-7-114-07433-2
定　　价：65.00元

2008年5月15日，我院踏勘人员向抗震救灾指挥部汇报G213线都江堰至映秀段的震害情况及抢通方案

我院技术人员向部、厅领导汇报抢通方案

踏勘队员在乱石丛中艰难跋涉

由唐永建院长（右三）带队的踏勘小组

我院踏勘人员艰难跋涉

③

艰难跋涉，细心研究

G213线映秀至汶川公路被崩塌体掩埋

绵竹汉旺至清平公路的一把刀堰塞湖

S303线映秀至卧龙公路被崩塌巨石覆盖

G213线映秀至汶川公路被崩塌体掩埋

S303线映秀至卧龙公路被崩塌体掩埋

绵竹汉旺地方道路

映秀震中附近的山体崩塌掩埋公路

清川东河口堰塞湖

⑥

震毁的G213线都江堰至映秀公路百花大桥

震毁的彭州小渔洞桥

震毁的平武南坝大桥

G213线映秀至汶川公路

⑦

映秀至汶川公路毛家湾隧道口被崩塌体掩埋

G213线都江堰至映秀公路

⑧

"5·12"汶川大地震震中（映秀）

PREFACE 序

2008年5月12日14时28分，我国四川汶川发生8.0级特大地震，这是新中国成立以来破坏性最强、波及范围最广、救灾难度最大的一次地震。为尽快抢通生命线，从灾情发生的那一刻起，四川省交通厅公路规划勘察设计研究院的技术骨干在院长的带领下，先后派出30多个踏勘小分队、240余人到灾区一线调查公路震害并及时科学地制订应急抢通方案，为抢通生命线赢得了宝贵的时间。这本书重现了他们冒着余震、崩塌飞石危险、冒着生命危险，取得第一手公路震害资料和制订科学合理的应急抢通方案的情景，不由得令人肃然起敬。

地震是无情的，但它却给人们留下了一个丰富的案例库，需要我们认真地研究。复杂的震害机理需要不断地探讨。这本书出自众多交通人现场调查的第一手资料，其内容涵盖了四川极重灾区、重灾区20余条公路震害的初始状态和应急抢通措施，并用大量的现场照片对内容做了诠释，资料十分珍贵。相信本书的出版对认识公路地震破坏现象、分析地震作用机理、规划制订公路恢复重建方案及公路保通有很重要的参考价值。同时，该院在应急救灾方面表现的有力、有序、有效的管理，不怕牺牲、尊重科学的工作作风都值得借鉴。

希望读者从汶川地震灾害的教训中，在人类尚无法去约束它之外，汲取经验，加强预防，这就涉及工程抗震设计、工程质量、人们的防灾意识、政府的防灾教育等必需思考的问题。今后应从结构寿命期和风险评估双重概念来力求结构抗震安全，对强震区重要公共建筑必须进行结构抗震易损性和结构连锁倒塌分析。

中国工程院院士、同济大学教授 范立础

2008年9月1日

FORWORDS 前　言

举世震惊的“5·12”汶川8.0级特大地震，对公路基础设施造成了极其惨重的破坏，灾区道路被毁、交通中断，给救援带来极大困难。为了快速打通灾区道路，在交通运输部的指导下，在四川省交通厅的直接领导下，四川省交通厅公路规划勘察设计研究院立即组织了30多个调查组、240余名技术骨干在第一时间深入灾区一线，对道路损毁情况进行了调查；并制订了应急抢通方案，为公路快速抢通提供了科学合理、及时有效的技术保障。

本书是根据四川省交通厅公路规划勘察设计研究院在抗震救灾期间对20余条公路路段应急调查报告和抢通方案等资料的基础上编辑整理而成，基本涵盖了四川省地震灾区国省主要干线。本书以震后调查第一手资料为主，重点突出公路震害和应急抢通措施与方案。书中从路基路面、桥、隧等方面列举了大量的震害情况及典型震害图片，资料十分珍贵，对地震灾区公路的恢复重建、高烈度地区公路修建技术有重要的参考和研究价值。

本书是参加抗震救灾公路调查与抢通的同志们集体辛勤劳动的成果，由唐永建任主编，庄卫林、吉随旺任副主编，全书分两部分：第一部分为总体概述（第1章），第二部分为调查与抢通（第2～15章）。各章主要编写人员如下：

前言由唐永建编写；

第一部分总体概述，第1章由庄卫林、唐永建编写；

第二部分调查与抢通，共14章，各章主要编写人员如下：

第2章由 王道雄、吉随旺、蒋劲松、徐德玺、张涛、王联、李海清、钟勇、吴事贵等编写；

第3章由余明、江大兴、徐兵编写；

第4章由徐兵、蒋劲松、姚红兵、李海清、黄麟、李本伟、胡德贵、汪军、李萼雄、王联、郑金龙等编写；

第5章由王登茂、江大兴、李海清、唐永建、庄卫林、刘家顺、邵斌、陈贵红、王有成等编写；

第 6 章由李本伟、胡德贵、李玉文、汪军、马洪生编写；

第 7 章由杨昌凤、陈朝晖、宋光润、汪小峰、钟涛、贾世福、李树鼎、李本伟、胡德贵、毛成等编写；

第 8 章由何恩怀、唐永建、刘万春、向波编写；

第 9 章由何清友、宋恒扬、胡德贵、贺智功编写；

第 10 章由乔定健、吉随旺、韩照文、郭晓东编写；

第 11 章由何恩怀、马洪生、郭晓东、唐永建编写；

第 12 章由王金平、王凌云、王道雄、余明、江大兴、李海清、王联、孙援编写；

第 13 章由程强、余建华编写；

第 14 章由盛兴富、唐永建、庄卫林、王生锋、韩照文编写；

第 15 章由郭晓东、唐协、宋恒扬、赵瑶琴、汪军、贺智功等编写。

后记由吉随旺编写。

冯曰长、王炳泉审阅了大部分章节，吉随旺审阅了部分章节。

唐永建、庄卫林负责统稿、审定。

吉随旺、谭认、李本伟、胡德贵、汪军、林顺、刘文莉、匡成刚、游向平、刘朋榕等参加了资料的收集整理和编辑工作。

本书在编写过程中得到四川省交通厅领导的支持和帮助，四川省交通厅公路局、建管处、规划处、科教处、川高公司等有关领导也为本书的编辑出版给予了热情的支持和帮助。范立础院士在百忙之中对本书给予悉心指导，并作序。在此，一并表示衷心感谢！

限于作者的水平，书中不足之处在所难免，恳请批评指正。

谨借此书向参加抗震救灾的交通人致以崇高的敬意！

编　者

2008 年 9 月 1 日

CONTENTS 目　　录

第 1 章 “5·12”汶川大地震及震后公路概况

2008 年 5 月 12 日 14 时 28 分，四川省汶川县发生 8.0 级特大地震，一瞬间，地动山摇、山崩地裂。这场突如其来的灾难，使得汶川、北川、青川……等地震重灾区大部分建筑顷刻变为废墟，成千上万的人在瞬间被夺去生命，成千上万的家庭在瞬间失去亲人，成千上万的群众在瞬间无家可归。这是新中国成立以来破坏性最强、波及范围最广、救灾难度最大的一次地震，重灾区的范围超过 13 万平方公里，其震动的强度、烈度均超过了唐山大地震，死亡和失踪人数达 87 000 多人。根据对汶川地震灾害范围的评估，确定全国极重灾区为 10 个县（市），包括汶川县、北川县、绵竹市、什邡市、青川县、茂县、安县、都江堰市、平武县、彭州市；重灾区为 41 个县（市、区）；一般灾区为 186 个县（市、区）。除四川外，较为严重的还有甘肃、陕西的部分地区，其他省市如重庆、云南等地也受到不同程度的影响。震后情况见图 1.1 ～图 1.7。

图 1.1　震后的映秀

图 1.2　震毁的北川县城

图 1.3　山崩地裂，公路被完全掩埋

图 1.4 断桥残迹（震毁的井田坝大桥）

图 1.5 飞来巨石

图 1.6 被砸毁的汽车

图 1.7 青山绿水已成回忆

1.1 地震发生背景

1.1.1 地震基本情况

“5·12”汶川地震引起地表破裂，从震中汶川县映秀镇（北纬 31°，东经 103.4°）开始，沿映秀—北川—青川断裂带（即龙门山中央断裂）向北偏东 30° 方向迅速扩展，主震区范围长约 330km、宽约 30 ~ 40km。根据四川省地震局调查资料，沿北川—映秀断裂地表破裂长度约 240km，沿灌县—江油断裂地表破裂约 72km，发震断层的运动方式为右旋—逆断层作用，断层北西盘相对上升（图 1.8、图 1.9）。

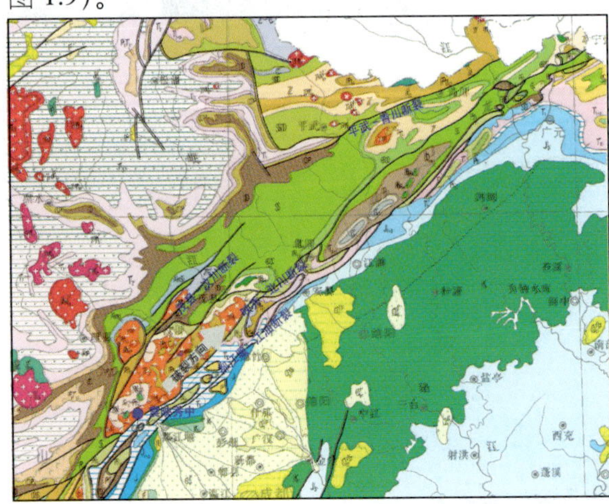

图 1.8 震区地质图

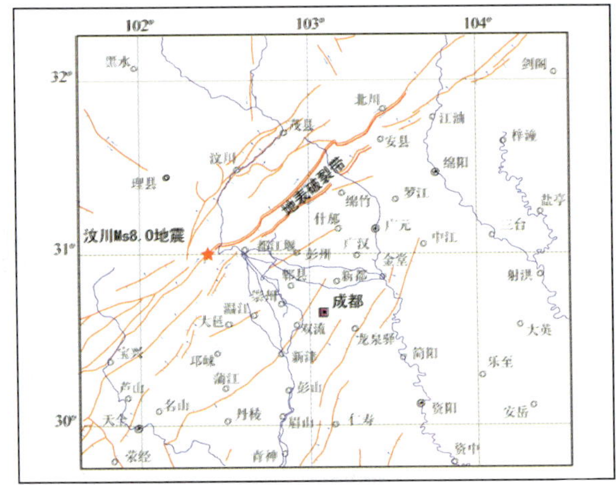

图 1.9 地表破裂带图（图中双线为地表破裂带，据何宏林等）

1.1.2 地震发生的地质构造背景

地震是地壳中累积的构造应力集中引起地壳岩石突然破裂的结果。印度板块以每年50mm的速度向亚洲板块俯冲，造成青藏高原快速隆升。同时，高原物质也向东缓慢移动，造成在高原东缘地区沿龙门山构造产生向东挤压。这种挤压受到四川盆地之下刚性地块的顽强阻挡（图1.10），经过长期的构造应力能量的累积，最终在龙门山地区发生突然释放，破裂构造沿龙门山中央断裂带迅速扩展，产生了地震破裂带（图1.11）。

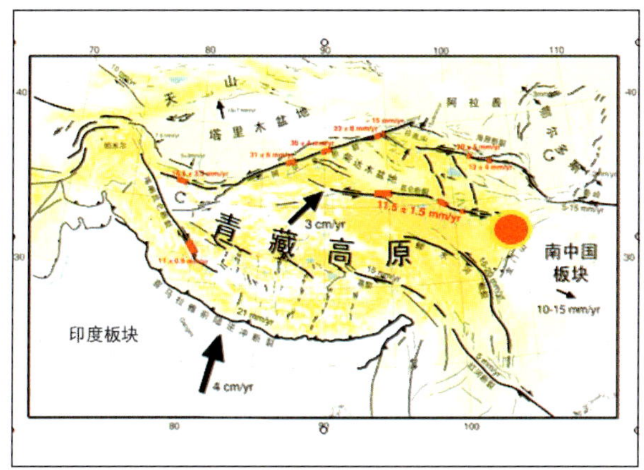

图1.10 板块运动示意图
（中国地质调查局资料，引自互联网）

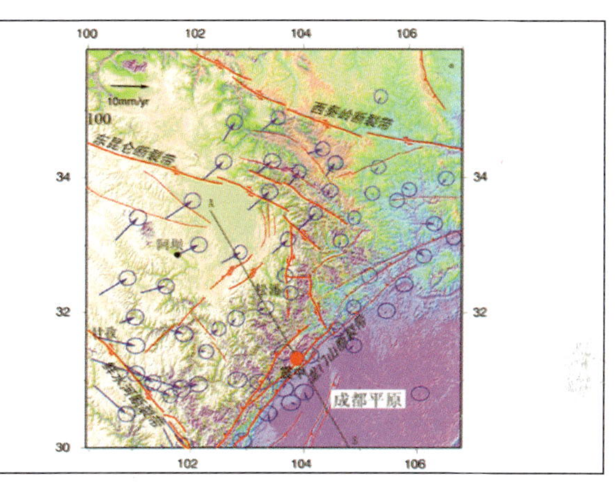

图1.11 汶川地震大区域地质构造图
（据徐锡伟、闻学泽）

汶川8.0级特大地震就发生在青藏高原东缘与扬子地块（四川盆地）交界的龙门山断裂带（龙门山逆冲推覆构造带）上。龙门山断裂带既是青藏高原的东界，又是现今龙门山前陆盆地的西界，它南起于泸定、天全，向北东延伸经都江堰、江油、广元进入陕西勉县一带，全长500km，宽约40～50km，呈NE-SW向展布，总体走向NE40°～50°，北东与大巴山冲断带相交，南西与康滇地轴相截，系由一系列大致平行的叠瓦状冲断带构成，具典型的推覆构造特征。其北西侧是松潘—甘孜褶皱带，南东为四川盆地（川前陆地）。

龙门山断裂带共有三条主要断裂，最东边的一条为都江堰—江油断裂（龙门山前山断裂），中间一条为映秀—北川—青川断裂（龙门山中央断裂），靠西边一条为茂县—汶川断裂（龙门山后山断裂）（图1.12、图1.13）。这次地震主震就发生在映秀—北川—青川断裂上，地表破裂则发生在中央断裂和前山断裂。其余震分布见图1.14。

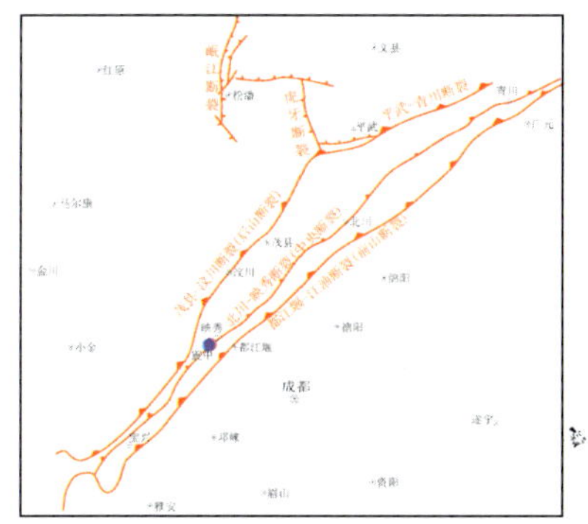
图1.12 龙门山断裂示意图

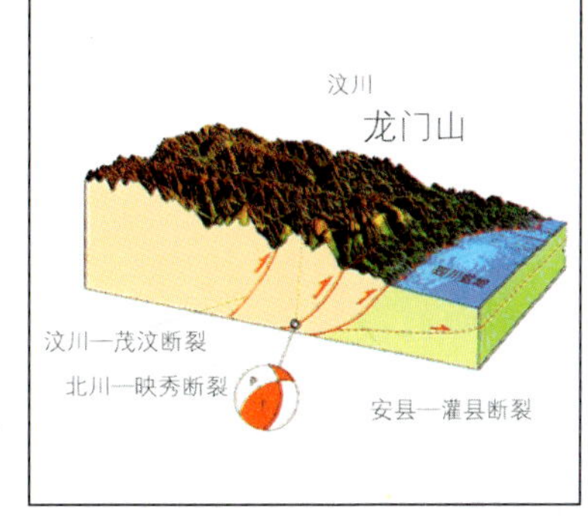

图1.13 龙门山地貌及断裂示意图
（中国地质调查局资料，引自互联网）

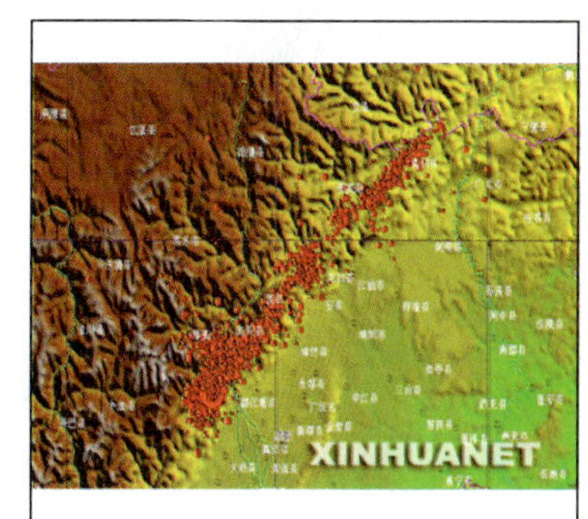

图1.14 余震分布图
（四川省地震局，引自互联网）

1）龙门山前山断裂（灌县—江油断裂）

该断裂北东起于陕西宁强、勉县一带，向南西经广元、江油、灌县至天全，全长500余公里，由北东段马角坝断裂、中段的灌县—二王庙断裂、南西段的大川—天全断裂组成，在平面上总体呈左行雁列展布，局部地段如灌县至绵竹九龙场呈右阶雁列。断裂带切割部分古生代地层、三叠系及侏罗—白垩纪红层。总体走向呈北偏东35°～45°，断面倾向北西，倾角50°左右，为脆性逆断层。该断裂在中、晚更新世有较强活动，属中、晚更新世活动断裂。

2）龙门山主中央断裂（映秀—北川断裂）

该断裂南西始于泸定附近，向北东延伸经盐井、映秀、太平、北川、南坝、青川、茶坝插入陕西境内与勉县—阳平关断裂相交，斜贯整个龙门山，长达500余公里，由北川—茶坝—林庵寺断裂、北川—映秀断裂、北川—青川断裂组成。断裂总体走向北偏东35°，倾向北西，倾角60°左右，由数条次级逆断层组成叠瓦式构造带。其主要表现为元古代九顶山杂岩体、下震旦统和上古生界—中、下三叠统向南东逆冲于上三叠统须家河组（T_{3x}）之上，并在其东南侧发育了一系列飞来峰构造。沿断裂带主要发育有断层角砾岩、碎裂岩等代表脆性变形的断层岩类，局部可见碳酸盐糜棱岩，表现出脆—韧性过渡的特征。

龙门山主中央断裂为一条中、晚更新世有活动的断裂，其中以北川—太平场一段活动最强，为中、晚更新世以来最强活动段。这次汶川地震就发生在映秀—北川—青川断裂上。

3）龙门山后山断裂（茂县—汶川断裂）

该断裂西南端在泸定冷碛附近与南北向的大渡河断裂相交，向北东经陇东、鱼子溪、耿达、草坡、汶川、茂县、平武、青川插入陕西境内，延伸500余公里，由青川—平武断裂、茂县—汶川等断裂组成。

(1) 汶川—茂县断裂

汶川—茂县逆断裂走向北偏东25°～50°，由一系列倾向北西的叠瓦状逆冲断层组成，发育于前震旦纪花岗岩、元古界杂岩体、震旦系或志留、泥盆系之间，沿断裂形成强烈变形的断层角砾岩、断层泥或劈理化带，并经历了由韧性剪切到脆性破裂的发展过程。茂县—汶川断裂为一条中、晚更新世有活动的断裂。

(2) 平武—青川断裂

该断裂西起平武茶坊，向东经青川、阳平关达勉县，延伸数百公里，呈北东东走向、倾向北北西、倾角60°～80°，由数条近于平行的断裂组成。该断裂总体上表现为逆冲为主同时还兼走滑特征，早期左旋走滑，后期右旋走滑。断裂北侧古生界与前震旦系逆冲推覆在龙门山巨型推覆带北段之上。断裂破碎带大多疏松未胶结且以强烈的劈理、片理、摩棱化、塑性柔皱、高炭化等为特征。平武—青川断裂为一条全新世的中、弱活动断裂。

1.1.3 地震发生过程

汶川地震沿着映秀镇—北川—青川断裂带的破裂过程较为复杂。如前所述，地壳运动造成应力能量长期积累，最终在龙门山北川—映秀地区突然释放。

在挤压应力作用下，由南西向北东逆冲、右旋走滑运动，5月12日14时28分首先从映秀产生破裂（震源区），这一破裂过程继续向北东方向延伸，断裂带以每秒钟2～3km的速度向北东方向撕开，经过北川最后终止于青川。破裂持续时间约2min，长度约240km。地震发生后，强余震基本上沿映秀—北川—青川断裂带分布。

1.2 四川省公路受损概况

汶川地震使四川省交通基础设施损毁十分严重，损失十分巨大。

一是受损范围广。如图 1.15 所示四川省干线公路图。20 个市(州)、139 个县(市、区)的高速公路、国省干线、农村公路、码头、客运站点和养护设施不同程度受损，其中重灾区的阿坝、广元、绵阳、成都、德阳、雅安等市（州）、39 个县（市）的各类交通设施严重受损。通往汶川、茂县、北川、青川等重灾县以及 254 个乡镇公路交通一度完全中断。灾害造成 21 条高速公路、16 条国省干线公路、24 000km 农村公路的路基路面、桥梁隧道等结构物不同程度受损，受损里程近 28 000km（其中高速公路近 200km、国省干线公路 3 800m、农村公路 24 100m），损坏国省干线桥梁 670 座、45 323 延米，隧道 24 座、20 417 延米，受损的客运站为 395 个，其中国家级枢纽 9 个、县级站 44 个（图 1.16 ～图 1.26）。

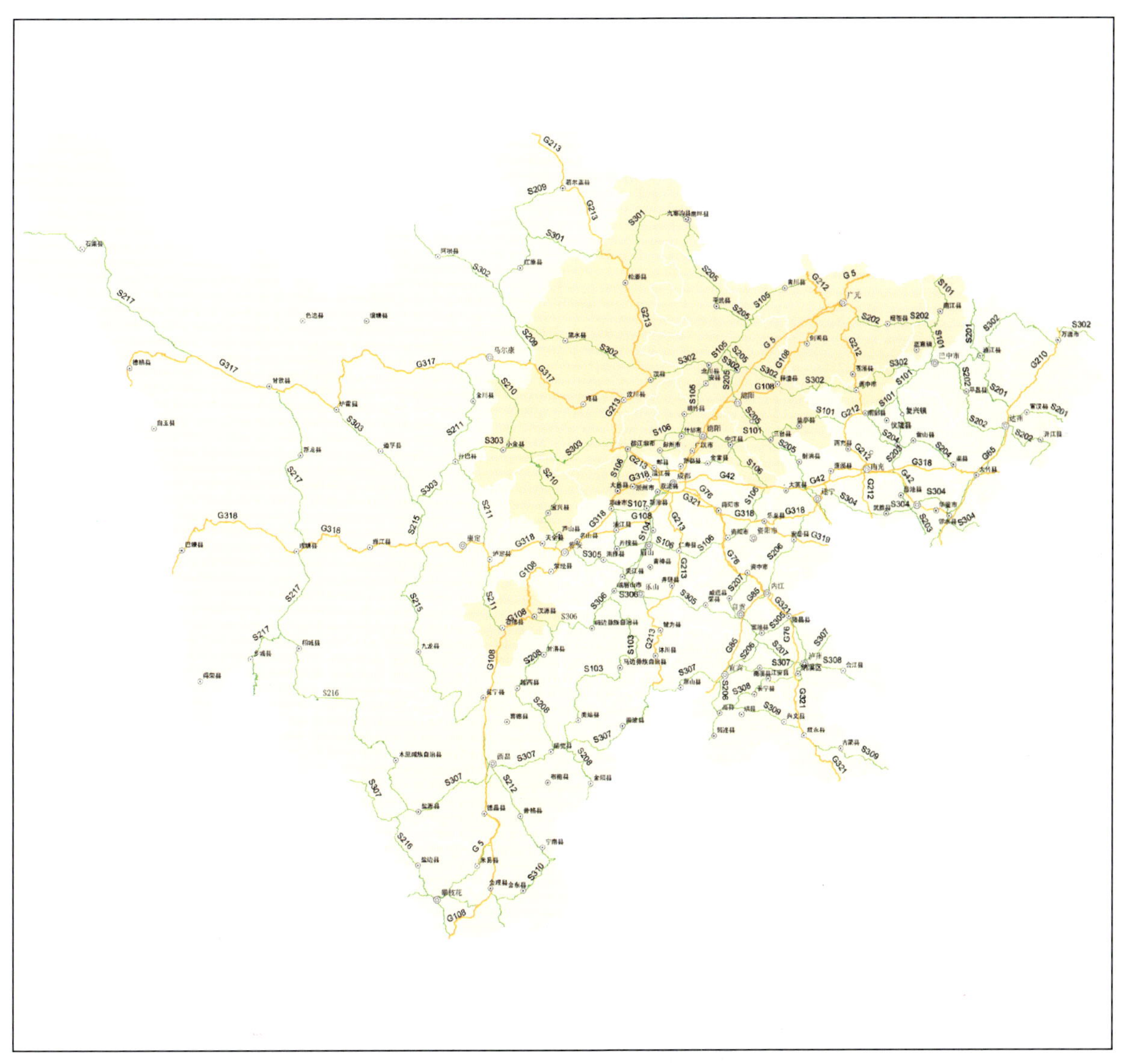

图 1.15 四川省干线公路图

图 1.16　G213 公路上被落石砸坏的汽车

图 1.17　公路被崩塌体掩埋（1）

图 1.18　公路被崩塌体掩埋（2）

图 1.19　被巨石砸坏的路面

图 1.20　隧道洞门被掩埋

图 1.21　路面破坏情况

图 1.22　震塌的百花大桥

图 1.23　岷江上的彻底关大桥被崩塌体砸断

图 1.24 映秀—卧龙公路上的桥梁倒塌

图 1.25 震毁的南坝大桥

图 1.26 小渔洞大桥两孔整体垮塌，剩余两孔全部损坏

二是损害程度重。许多经过多年努力才建成的交通设施毁于一旦，一些路段全面损毁，造成毁灭性、根本性破坏。据不完全统计，四川省交通基础设施直接经济损失按原值价测算达 580 亿元。

三是抢通难度大。震后 3 个月仍有 3 条国省主干线未抢通（国道 213 线映秀至汶川段、省道 303 线映秀至耿达段、省道 302 线茂县至北川公路擂鼓镇至禹里乡段）。

四是保通工作艰巨。截至 2008 年 8 月 29 日 08 时，已发生余震 26 662 次，6 级以上余震达 8 次。由于余震不断，山体滑坡、崩塌、泥石流等次生灾害频繁发生，还将会造成交通基础设施新的破坏，给恢复重建工作带来新的困难。

1.3 四川省交通厅公路规划勘察设计研究院公路应急调查工作

"5·12"汶川特大地震，震惊世界。地震灾区公路基础设施遭受巨大破坏，造成交通中断，给抗震救灾带来极大的困难。在交通运输部的指导下，在四川省交通厅的直接领导下，四川省交通厅公路规划勘察设计研究院立即组织广大技术人员在第一时间深入抗震救灾最前线，先后共派出30多个调查小组240多名技术骨干，分别深入汶川、映秀、北川、青川、绵竹、彭州等重灾区，对沿线公路灾害进行实地调查，形成27个调查报告，研究抢险保通方案，并派员在现场技术指导，为四川省交通厅制订抢通、保通方案，做好技术服务。在突如其来的特大灾难面前，我们尽最大努力、以最大的付出做出公路设计院应做的贡献。

1.3.1 应急调查工作

2008年5月12日地震发生后2小时，我院立即派4名专家赶赴成绵高速公路进行了灾情调查，并针对受损严重的K83公里处桥梁提出了应急措施，保证了成绵路救灾的通畅。当天晚上8点，我院12名技术人员完成了成都市7座立交桥的调查。

2008年5月13日上午，我院立即成立了以院长为组长的抗震救灾工作领导小组，按照四川省交通厅的统一安排和部署，集中人力、集中车辆、集中资金、集中物资，确保在第一时间投入到抗震救灾一线，并安排2名技术人员去都汶路调查了解桥梁毁坏情况。

2008年5月14日凌晨6点，由院领导带队率20余名专家和技术人员，分三路奔赴震中区的映秀、汶川公路进行踏勘，三条线路分别为都江堰至映秀公路、岷江左岸水陆兼顾通道和成都经雅安、宝兴、小金、理县至汶川迂回绕行的西线公路。他们冒着余震，在崩塌飞石、山体滑坡及泥石流随时发生的沿途调查，甚至连续徒步行走14小时，从都江堰前往映秀灾区沿线踏勘，并在短时间内取得了通往灾区道路损毁的第一手详尽资料，为制订科学有效的抢通方案提供了极其重要的基础数据（图1.27）。

2008年5月15日以后，我院又陆续派出调查组调查汶川漩口(寿江桥)—水磨—三江公路、映秀—汶川公路、日隆—卧龙公路。根据各路人员调查结果，及时向四川省交通厅抗震救灾指挥部提出了抢险保通应急方案，并得到采纳，为抗震救灾指挥部部署打通救灾公路争取了极其宝贵的时间。同时，我院派出18人的技术服务组长期服务都江堰至映秀公路的保通工作。

2008年6月4日至6月9日，我院再次派出6个小分队分别踏勘唐家山—北川、映秀—耿达、三江—耿达、三江—卧龙、映秀—汶川段，并研究出抢通方案，及时将调查论证方案提交到抗震救灾指挥部和抢通作业施工单位。

2008年6月1日至6月17日，由12人组成的调查组前往汶川北线开展公路震害调查检测。

2008年6月17日至6月18日，我院又派出5个小分队再一次踏勘研究映秀—耿达公路、映秀—汶川公路和绵竹汉旺—清平公路的抢通方案，并到震中附近调查追踪本次地震的活动断裂状况，为制订映秀至汶川恢复重建方案提供技术依据。

1.3.2 应急调查的主要道路

地震发生后，我院全力以赴投入抗震救灾工作，先后深入重灾区调查公路震害，总行程3万多

a) b) c) d)

图 1.27 艰辛的公路震害调查

公里，徒步行走近 1 000km。我院应急调查的主要灾区公路如下（图 1.28）：

(1) 国道 213 线都江堰—映秀段；

(2) 都江堰—映秀岷江左岸水陆结合；

(3) 都江堰—映秀段高速公路；

(4) 国道 213 线映秀—汶川段新、老公路；

(5) 汶川西线公路（成都经雅安、宝兴、小金、理县至汶川）；

(6) 省道 303 线映秀—日隆段；

(7) 汶川县漩口（寿江桥）—水磨—三江公路；

(8) 汶川北线公路（平武经九寨沟、川主寺、茂县至汶川）；

(9) 省道 105 线安县—北川公路；

(10) 省道 302 线茂县—北川公路禹里乡至擂鼓镇段；

(11) 广元极重灾区部分道路；

(12) 什邡市广青公路；

(13) 绵竹市绵茂公路汉旺—清平段；

(14) 成绵路及成都市部分桥梁。

以下分别按上述公路阐述应急调查及抢通方案。

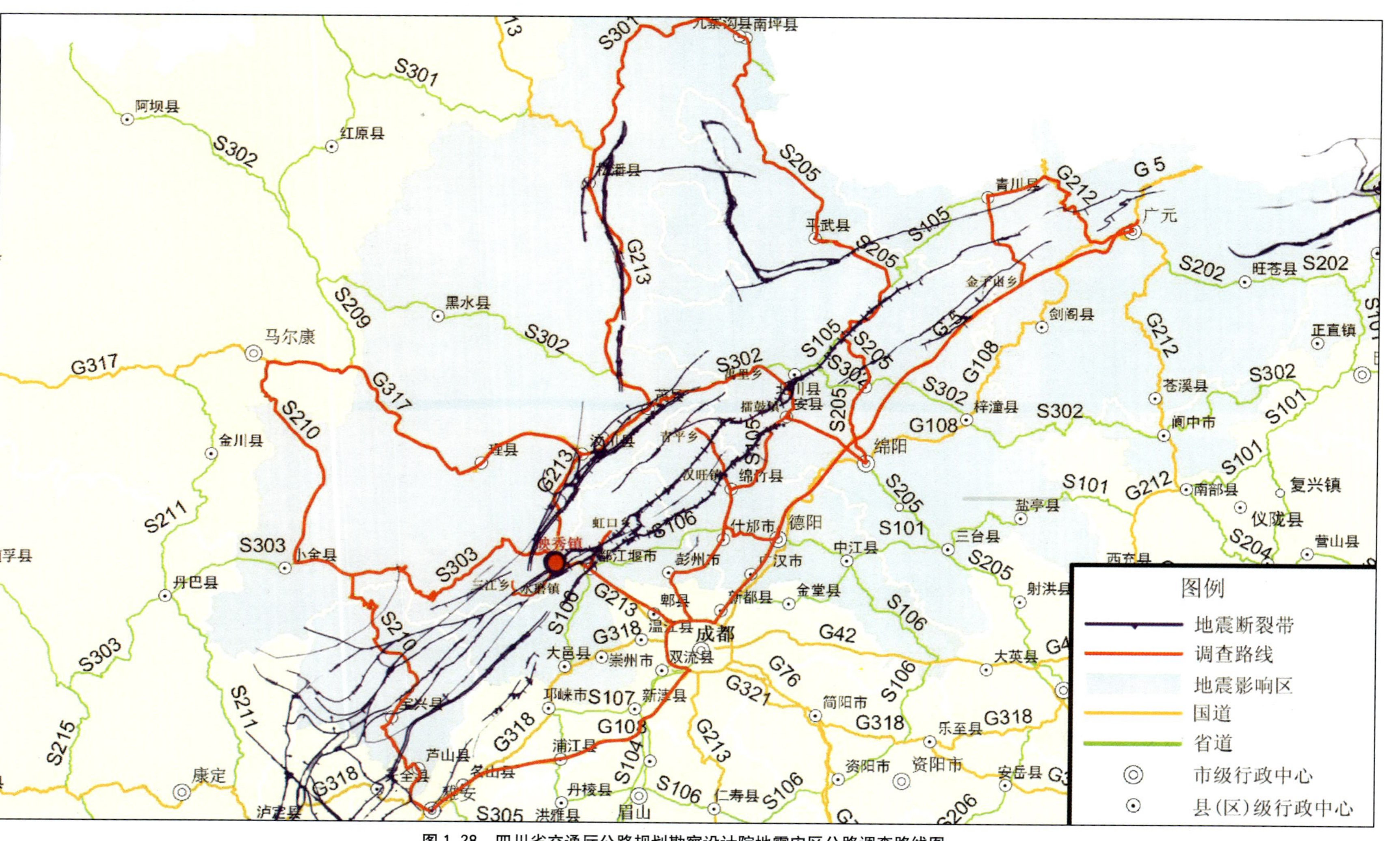

图 1.28 四川省交通厅公路规划勘察设计院地震灾区公路调查路线图

第2章 国道213线都江堰—映秀公路

2.1 概述

2008年5月13日，我院组织了20余名技术人员，分3组，分别由唐永建、李玉文、徐德玺带队，沿3个方向向映秀、汶川进发，即沿岷江右岸国道213线公路至映秀、沿岷江左岸老成阿路至映秀、由成都经雅安、宝兴、小金、理县至汶川，对3个可能的通往震中的抢险救灾路线的公路震害情况进行踏勘，并提出公路抢通方案。

国道213线都江堰—映秀段为三级公路，全长34.55km。该路由两部分组成，起点都江堰至马鞍石隧道进口为绕紫坪铺水库大坝的绕坝公路，长4.68km，于2003年建成运营；从马鞍石隧道出口至映秀为紫坪铺水库库区淹没区赔建公路，长29.87km，2005年竣工通车。该路地形陡峻，岩体破碎，地质构造复杂，特别是映秀位于龙门山大断裂，新构造运动强烈，活断层发育，是地震活跃带。

由徐德玺带队的调查小组一行5人于2008年5月14日早晨7时到达都江堰，对国道213线都江堰—映秀段公路震害情况展开实地调查，在连续徒步14小时后，抵达震区中心映秀，在短时间内收集到了现场的第一手基础资料。调查组于2008年5月15日中午返回，并及时向交通运输部翁孟勇副部长、四川省王宁副省长、省交通厅高烽厅长等领导汇报了震害情况及应急抢通方案，为部、省、厅领导部署打通救灾公路争取了宝贵时间。2008年5月17日下午4时许，按应急抢通方案，经过“多头推进、中间开花”的紧张抢修，国道213线都江堰至映秀段全线贯通，救援物资可从成都起运经都江堰运抵震中映秀。

全线应急抢通方案分两段，情况如下。

2.1.1 都江堰—阿坝铝厂段

该段共计滑坡、崩塌、落石50余处，其中规模100～1 000m^{3}的有5处，1 000m^{3}以上有3处，必须进行清方和爆破处理。全线路基路面沉陷、开裂普遍，其中5处路基损坏较严重，只能半幅通行，一处路基约100m全部跨塌，需填方恢复处理，全线路基清方约1.2万立方米（包括多处小型崩塌）；全线桥梁普遍受损，损坏严重的2座桥梁：寿江大桥汶川岸1×30mT梁纵向移动严重，面临落梁危险，需进行应急加固；古溪沟桥两端桥台搭板下地基沉陷，需进行桥台回填处理；其余桥梁虽受损，但状况可满足救灾通行需求。友谊隧道只能半幅通行，其余隧道情况较好。

2.1.2 阿坝铝厂—映秀段

因蒙子沟桥3跨纵向移动严重，桥墩纵向变形，临近落梁极限，极危险且不易应急加固，百花大桥4跨整体倾覆，其余跨桥墩受损严重，不能抢通，且路基破坏较严重，短期难以抢通，建议应急方案从阿坝铝厂至映秀近4km走原213线。该方案有5处塌方需清方处理(约5 000m^3)，详细情况见图2.1。

2008年5月17日国道213线都江堰至映秀段全线抢通后，我院立即组织有关技术人员投入公路保通工作，为本路段的救灾通行提供技术服务。

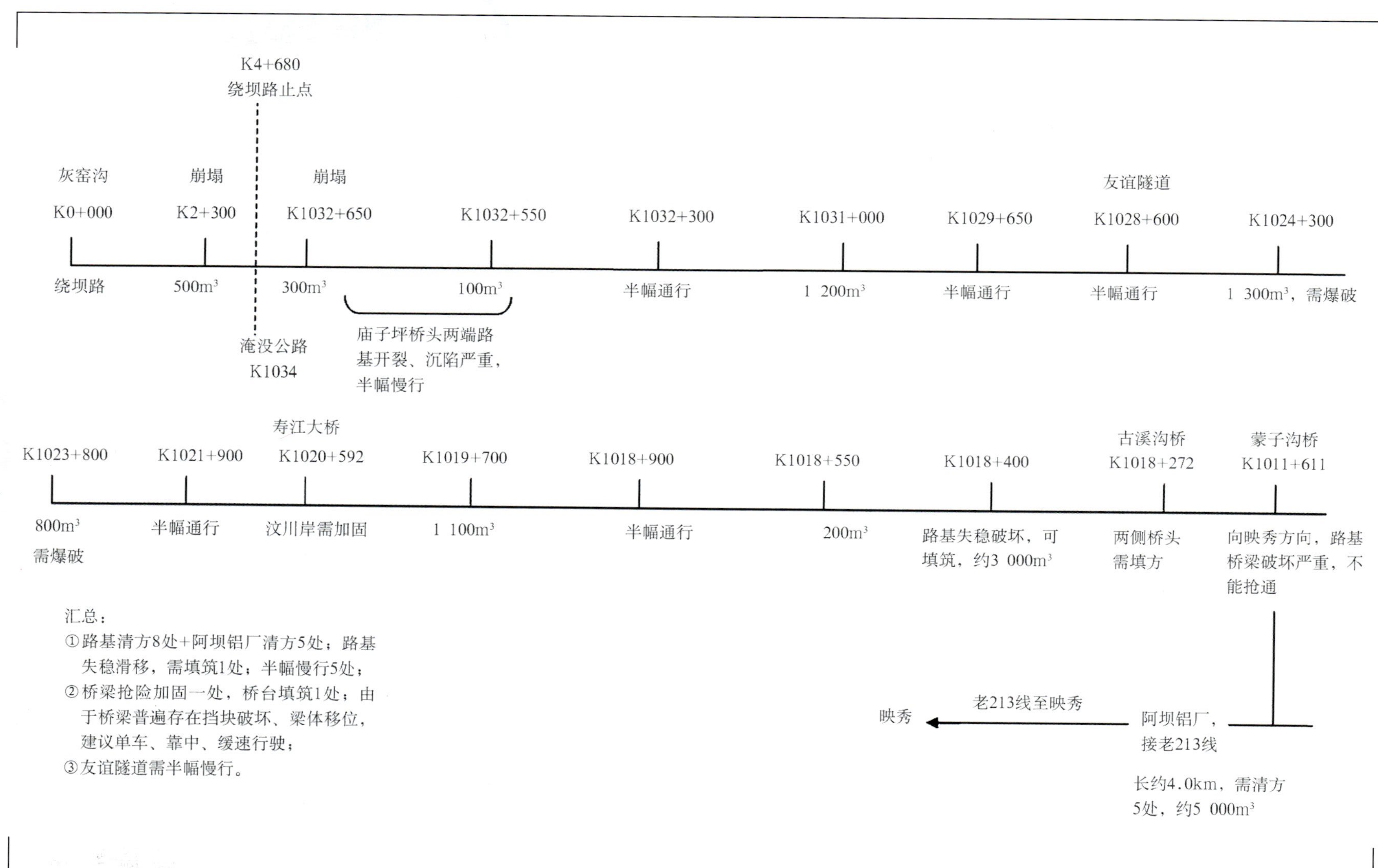

图 2.1 国道 213 线都江堰—映秀段应急抢通方案示意图（四川省交通厅公路规划勘察设计研究院 调查组 2008-5-15）

2.2 震害情况及应急抢通措施

2.2.1 路基、路面

1）震害情况（图2.2～图2.73）

图2.2 K1+650左侧边坡塌方，约5 000m^3，清除处理

图2.3 K1+980左侧边坡发生局部溜坍，量小，清除，右侧挡墙外倾变形，可通行

图2.4 K2+300左侧边坡塌方，约500m^3，清除处理

图2.5 K3+750路基沉陷致使挡墙外倾与路面边缘形成裂缝，宽约2～3cm，右侧挡墙外倾变形，可通行

图2.6 K3+850路面开裂，裂缝宽约2cm，右侧弯道处路基沉陷约5cm，可通行

图 2.7　K1032+850 路面开裂、裂缝宽约 3cm，可通行，前方存在局部溜坍，约 1 500m^3，清除处理

图 2.8　K1032+600 庙子坪桥头成都端，路基沉陷约 10 ~ 30cm，路面出现纵、横向裂缝，约 2 ~ 4cm，可通行

图 2.9　K1032+300 路基右半幅沉陷、路面开裂，宽约 3 ~ 4cm，可半幅通行

图 2.10　K1031+650 王家林中桥小桩号端左侧路基边坡存在少量塌方，约 30m^3，清除

图 2.11　K1032+500 庙子坪桥头汶川端，路基沉陷约 30 ~ 70cm，路面出现纵、横向裂缝，约 2 ~ 10cm，可适当填补路面凹坑后半幅慢行

图2.12 K1031+550路基左侧边坡崩塌，岩堆阻断道路，约2 000m³，清除处理

图2.13 K1031+450路基左侧边坡崩塌，岩堆阻断道路，约1 000m³，清除

图2.14 K1031+300路基左侧边坡挂网喷浆防护工程出现浅表层剪切破坏，不影响抢险通行

图2.15 K1030+800路基上方崩塌危石滚落致路面，量小，清除处理

图2.16 K1030+950路基左侧边坡崩塌、清除处理

图2.17 K1030+400路基沉陷、路面开裂、右侧挡墙外倾且基础脱空，半幅通行

图 2.18　K1030+100 路基沉陷、开裂、右侧挡墙外倾，可通行

图 2.19　K1029+950 左侧边坡崩塌落石，个别粒径达 2.0m，约 $80m^3$，清除处理

图 2.20　K1029+850 桥头路基沉陷致使右侧挡墙与路面间形成 3 ～ 10cm 裂缝，挡墙外倾明显，可通行

图 2.21　K1029+550 路面开裂，裂缝宽约 2 ～ 5cm，可通行

图 2.22　K1029+500 路基沉陷、路面开裂严重，裂缝宽约 5 ～ 8cm，裂缝已成圈椅状，路基整体稳定性存在问题，抢通阶段可半幅慢行，以后应支挡加固处理

图 2.23　K1029+450 左侧边坡有少量塌方体，清除，右侧边坡沉陷开裂，裂缝宽达 8 ～ 20cm，目前可半幅慢行，以后应作加固处理

图 2.24 K1029+400 路面挤压变形凸起，适当清理、补填碾压后可通行

图 2.25 K1027+900 右侧路基脱空，目前可以通行，以后应支挡加固处理

图 2.26 K1027+100 边坡落石，量小，清除

图 2.27 K1026+300 左侧路基边坡崩塌落石，约 400m^3，清除

图 2.28 K1026+500 右侧路基沉陷、路面开裂，缝宽约 8 ~ 10cm，裂缝已成圈椅状，路基整体稳定性差，目前可半幅慢行，以后应支挡加固处理

图 2.29 K1026+200 左侧路基边坡崩塌，约 600m^3，清除处理

图 2.30 K1023+950 右侧路基沉陷致使挡墙与路面边缘产生裂缝，约 2 ~ 3cm，挡墙有外倾、侧移现象，可通行

图 2.31 K1024+300 左侧路基边坡上方崩塌，约 1 800m³，清除处理，其中，个别危石块径达 3m，需爆破处理

图 2.32 K1023+800 左侧边坡崩塌，约 2 400m³，清除，个别危石块径约 2 ~ 3m，需爆破处理

图 2.33 K1023+600 左侧边坡路堑墙出现剪切破坏，目前可通行，以后可拆除重建

图 2.34 K1023+300 桥头左侧边坡少量落石，清除

图 2.35 K1023+050 左侧边坡崩塌，约 500m³，清除，个别危石块径达 5m 左右，需爆破处理

图 2.36 K1022+400 路基左侧边坡塌方，约 900m³，清除处理

图2.37 K1022+900处加筋土挡墙基础脱空、墙面扭曲变形（墙高17.4m）

图2.38 K1022+300路基挤压变形凸起，前方路基沉陷、路面开裂，适当清理、补填碾压后可通行

图2.39 K1022+100路面开裂，缝宽约3～15cm，目前可通行，以后可加铺高强土工格栅、重铺路面进行处理

图2.40 K1021+900路基左侧边坡上方崩塌，约2 000m^3，清除处理，路基右侧沉陷开裂严重，裂缝宽约12～40cm，目前可半幅慢行，以后应支挡加固、重铺路面处理

图2.41 K1021+450桥头左侧边坡上方崩塌，约700m^3，适当清理即可通行

图2.42 K1021+200路基左侧护面墙局部变形垮塌，量小，清除

图 2.43 K1020+750 寿江桥桥头路基左侧边坡上方崩塌，危石滚落至桥头处，危石块径约 2m，清除处理

图 2.44 DK1021+250 左侧路堑边坡上方崩塌，存在少量危石，清除

图 2.45 K1020+400 寿江桥桥头路基沉陷变形，适当补填即可通行

图 2.46 K1019+700 回头弯道处崩塌落石，量小，清理

图 2.47 K1019+450 路基右侧沉陷、局部脱空，目前可半幅慢行，以后应支挡加固处理；左侧路堑边坡挂网喷浆防护工程出现浅表层剪切、挤压破坏，可通行

图2.48　K1020+650白云山隧道进口右侧上方崩塌，有少量危石滚落至路面，清理

图2.49　K1019+100路基右侧沉陷、路面纵横向开裂，路面上崩落有危石，适当清理后可半幅慢行

图2.50　K1019+700左侧路堑边坡上方塌方，约3 000m³，清除处理

图2.51　K1018+920～955框架梁折断、开裂、移位，少数锚索锚头脱落、锚索失效，可通行

图2.52　K1018+900路基沉陷开裂，缝宽约2～3cm，目前可半幅慢行，以后应加铺高强土工格栅、重铺路面

图 2.53　K1018+850 路基左侧上方崩塌落石，适当清理，右侧路基沉陷开裂，可半幅慢行，以后需支挡加固处理

图 2.54　K1018+760 路基左侧路堑抗滑桩板墙桩顶位移变形，可通行，以后需检测并视情况适当加固处理

图 2.55　K1018+600 路基左侧边坡崩塌，约 800m^3，清除处理

图 2.56　K1018+500 路基沉陷致使路面边缘与挡墙间产生裂缝，挡墙有外倾、侧移现象，可通行

图 2.57　K1018+430 路基左侧边坡塌方，约 4 000m^3，清除处理

图 2.58　K1018+430 右侧挡墙倒塌、路基跨塌，抢通阶段可回填处理或砂袋码砌抢通

图 2.59　K1018+330 桥头引道汶川端路基脱空、路面挤压变形，需回填处理

图 2.60　K1018+220 桥头引道成都端路基脱空，需回填处理

图 2.61　K1017+300 路基左侧边坡溜坍，约 $300m^3$，适当清理

图 2.62　K1017+050 路基左侧边坡溜坍，约 $200m^3$，清除

图 2.63　K1017+050 路基右侧挡墙基础滑移，可通行，以后应拆除重建

图 2.64　K1016+600 路基沉陷、路面坑凼，不影响通行，适当补填处理

图 2.65　K1012+520 ~ K1012+615 路肩墙跨塌，可通行

图 2.66　K1012+400 路基左侧边坡上方崩塌落石，个别块径达 3m 左右，需爆破处理；路面沉陷开裂，可半幅慢行，以后可加铺高强土工格栅、重铺路面进行处理

图 2.67　K1012+250 路基左侧边坡塌方，约 1 500m^3，清除处理

图 2.68 K1012+100 路基沉陷、路面开裂，可通行

图 2.69 K1010+557 ~ +620 挡墙基底脱空

图 2.70 K1011+900 路基左侧边坡上方崩塌，约 700m³，清除处理

图 2.71 K1011+800 路基左侧边坡上方崩塌，约 2 000m³，清除处理；路基右侧局部跨塌，可半幅慢行，以后需支挡加固处理

图 2.72 K1011+500 蒙子沟桥汶川端路基左侧上方塌方，约 6 000m³，清除处理（1）

图 2.73 K1011+500 蒙子沟桥汶川端路基左侧上方塌方，约 6 000m³，清除处理（2）

2）应急抢通措施

（1）路堑

①坡面崩塌、溜坍及滑坡处治：抢险保通阶段主要采取清方措施，其中 K1024+300、K1023+800 几个工点危石块径较大，需要辅以爆破方式处理。

②对上边坡已有的支挡结构物如抗滑桩、框架锚杆（索）、路堑挡墙、挂网喷浆和浆砌护面墙等，多数可满足抢险通行，个别局部垮塌的部位应采用清除垮塌体、码砌片石或砂袋、片石嵌补等方式综合处理。

（2）路堤

①路堤边坡：一般的沉陷开裂路段无碍抢险通行；沉陷开裂严重路段应适当补填处理；对裂缝已贯通形成圈椅状、错台高度大、边坡整体稳定性明显存在问题路段，在维持半幅慢行的同时，应采用坡脚码砌片石或砂袋、坡体打设钢管桩等增加路基稳定性的措施做应急加固处理；K1018+400 段路基已大面积垮塌，需要重新回填处理或码砌砂袋抢通。

②路肩挡土墙：对于垮塌破坏的挡墙可码砌片石或砂袋抢通，对外倾、侧移、墙面鼓胀、基础脱空的挡墙可维持通行或半幅慢行，基础脱空严重的路段应及时采用片块石嵌补、混凝土支撑墩的措施处理。

③路堤抗滑桩、桩板墙：目前可满足抢险通行。

2.2.2 桥梁

全线桥梁普遍存在不同程度的震害，其中 4 座桥梁（寿江大桥、古溪沟中桥、蒙子沟中桥、百花大桥）较严重，现分述如下。

1）寿江大桥

寿江大桥采用预应力简支 T 梁和空心板，跨径组合为 3×30m+3×50m+13m；1 号、2 号桥墩采用双柱式圆柱墩，3 号～6 号桥墩采用箱形墩，基础均采用承台桩基；0 号桥台为肋板式桥台，7 号桥台为重力式桥台。

“5·12”汶川地震中，映秀岸山体滑移，致使 1 号、2 号桥墩倾斜、墩柱底部环向开裂（图 2.74）。加上梁体向映秀方向纵移，导致第 1 跨

图 2.74 地震后的寿江大桥

即将落梁（图 2.75、图 2.76）。

2008 年 5 月 16 日，紧急架设双排单层 321 公路钢桥（限载 10t），打通都江堰至阿坝铝厂的救灾道路（图 2.77）。随后，又将钢梁加高为双排双层结构，将限载标准提高为 20t。为防止第 1 跨落梁，又在 1 号桥墩上游侧设置临时支墩（图 2.78、图 2.79）。

图 2.75　第 1 跨右边梁即将落梁

图 2.76　0 号桥台翼墙破坏

图 2.77　5 月 16 日，紧急架设双排单层 321 公路钢桥

图 2.78　临时支墩顶部设型钢支撑 T 梁

图 2.79　钢梁加高为双排双层结构，提高限载标准为 20t；为防止落梁，设置临时支墩；架设 321 钢梁后的全貌

2）古溪沟中桥

古溪沟中桥为 3×30m 简支 T 梁桥，下部结构采用双柱墩配承台桩基、肋板式桥台。

“5·12”地震中桥台填料垮塌、搭板下沉、T 梁移位、挡块破坏（图 2.80～图 2.83）。

2008 年 5 月 16 日对桥台垮塌段紧急回填，满足了抢险车辆单车通行（图 2.84、图 2.85）。2008 年 5 月 18～20 日又采用砂卵石按 1:1.5 坡比分层夯实回填垮塌段，实现双车道通行。2008 年 7 月下旬进一步对桥台搭板下的空洞采用混凝土进行填注回补。

图 2.80 地震后的古溪沟中桥

图 2.81 都江堰岸桥台填料垮塌、搭板下沉

图 2.82 映秀岸桥台填料垮塌、搭板悬空

图 2.83 梁体左移，挡块破坏

图 2.84 埋设管涵、架设便桥，供应急抢险施工使用

图 2.85 桥后紧急回填反压，满足抢险车辆单车通行

3）蒙子沟中桥

蒙子沟中桥上部结构采用 4×20m 预应力混凝土空心板，下部结构采用桩柱式桥墩、桩柱式桥台。

“5·12”汶川地震中，蒙子沟中桥 1 号、2 号、3 号桥墩发生不同程度的倾斜，梁体横移、纵移严重，第 1、3、4 跨面临落梁危险（图 2.86～图 2.89）。

在抢通阶段，采用了架设2-42m的321战备钢梁方案，确保救灾通行（图2.90）。

图2.86　梁体横移，1号、2号墩顶支座脱落

图2.87　梁体横移，左侧挡块破坏

图2.88　墩柱倾斜，第4、3、1跨梁体面临落梁危险（盖梁处桥面俯视）

图2.89　映秀岸桥台处被山体崩塌掩埋，受损严重

图2.90　321钢梁架设完毕后开放交通

4）百花大桥

百花大桥距映秀镇2km，为一座岷江右岸的顺河桥，跨越牛圈沟。全桥分为6联，跨径组合为4×25m+5×25m+1×50m+ 3×25m+5×20m+2×20m，除第3联为简支T梁外，其余各联均为连续梁，第1～2联、第5～6联之间采用牛腿构造搭接。下部构造为双柱式桥墩、轻型桥台、桩基础。

“5·12”汶川地震中，百花大桥遭到严重损毁：全桥38个墩柱中倒塌、压溃的达24个；第5联5×20m连续梁完全倾覆倒塌；其余各跨主梁移位达45～90cm（图2.91～图2.109）。

地震后在百花大桥下方紧急抢建救灾便道，于2008年5月17日抢通至映秀的道路（图2.110～图2.112）。为确保救灾人员、车辆、物资的安全，于2008年5月28日实施控制爆破，拆除残留的百花大桥（图2.113、图2.114）。

图 2.91　地震后的百花大桥（1）

图 2.92　地震后的百花大桥（2）

图 2.93　倒塌的第 5 联

图 2.94　倒塌的第5联及桥墩编号

图 2.95　1号～6号桥墩震害概貌

图 2.96　3号桥墩右墩柱中部压溃，上系梁破坏

图 2.97　7号桥墩右墩柱底部右侧压溃、左侧环向开裂

图 2.98　倒塌的14号墩柱

图 2.99　14号桥墩左墩柱上箍筋间距大于60cm

图 2.100　14号桥墩左墩柱与系梁的连接面，混凝土结合不良

图 2.101　16号桥墩左墩柱斜剪破坏

图 2.102　18 号桥墩右墩顶支座脱落，梁体悬空

图 2.103　梁与墩相对位移

图 2.104　墩顶

图 2.105　0 号桥台处，第 1 联主梁右移 63cm、下沉 18cm

图 2.106　8 号桥墩处，梁体相对于墩顶向右侧横移约 70cm

图 2.107　9 号桥墩处，右侧挡块破坏，主梁右移 90cm，面临落梁风险

图 2.108　梁肋箍筋失效，主筋崩离

图 2.109　梁体受残留墩柱冲撞而破坏

图 2.110 桥下紧急抢通的救灾便道

图 2.111 桥下紧急抢通的救灾便道

图 2.112 救灾便道上设置管涵跨越牛圈沟

图 2.113 爆破拆除

图 2.114　爆破后的百花大桥遗址

5）渔子溪桥

映秀镇鱼子溪桥为 3×22.2m 简支 T 梁，桥宽 9.5m，桥墩为圬工实体墩，修建于 1966 年。

"5·12"汶川地震中，该桥 3 跨主梁横移，从支座上掉落于墩台上，桥面下陷明显，呈 S 状扭曲；1 号桥墩下陷并向下游侧偏移（图 2.115 ～图 2.117）。

灾后架设完成 321 战备钢梁，保证 G213 线的畅通（图 2.118）。

图 2.115　地震后的渔子溪大桥

图 2.116　桥面下陷明显，呈 S 状扭曲

图 2.117　1 号桥墩下陷并向下游岸偏移

图 2.118　架设 321 钢梁

6）其他桥梁

其他桥梁普遍存在挡块破坏、梁体移位等病害。这些桥梁的状况基本满足抢险救灾通行需求，在限时抢通阶段不进行处治。保通时增设限位装置，限制梁体横移、纵移。

由于全线桥梁震后病害普遍，应限速20km/h，限载20t通行。

2.2.3　隧道

都江堰至映秀段紫坪铺水库淹没赔建公路共有3座隧道，即马鞍石隧道，2003年建成通车；友谊隧道、白云顶隧道，于2005年年初建成通车。

1）马鞍石隧道（图2.119～图2.128）

图2.119　马鞍石进口

图2.120　施工缝裂缝

图2.121　拱墙环向裂缝

图2.122　拱墙斜向裂缝

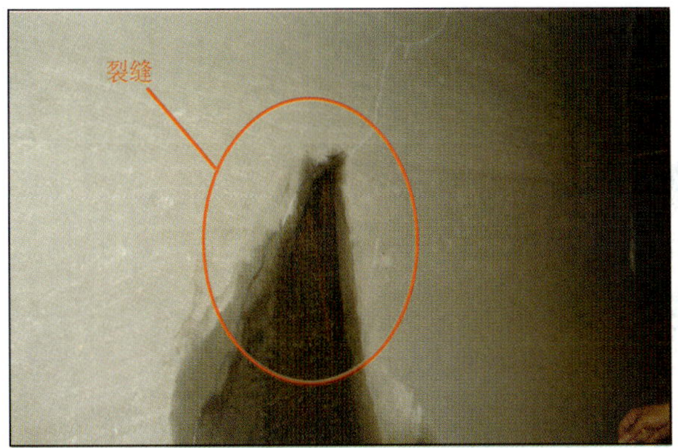

图2.123　拱墙斜向开裂渗水

图2.124　墙脚开裂渗水

图 2.125　边墙混凝土开裂、剥落

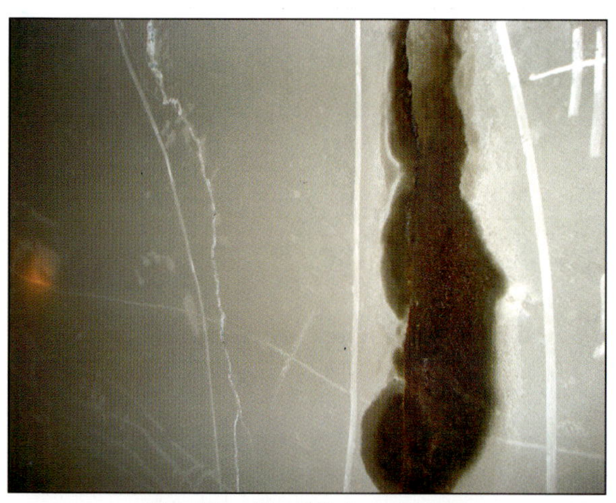
图 2.126　施工缝渗水、环向开裂

图 2.127　路面横向贯通裂缝

图 2.128　隧道路面网状开裂

2）友谊隧道

距隧道进口 515 ~ 805m 段共长 290m 内二次衬砌开裂非常严重，左侧拱墙鼓裂，拱部钢筋裸露；拱顶混凝土块悬吊；路面上鼓、检修道两侧下沉。进口仰坡局部开裂、有危石，截水沟局部开裂（图 2.129 ~图 2.136）。

图 2.129　友谊隧道进口

图 2.130　友谊隧道出口

图2.131　出口仰坡崩塌

图2.132　钢筋扭曲、预埋洞破坏

图2.133　边墙混凝土剥落、钢筋外露

图2.134　边墙开裂渗水

图2.135　路面纵向错台、纵缝贯通

图2.136　边墙下沉、风机掉落

3）白云顶隧道

距隧道出口 334 ~ 352m 段共长 18m 内二次衬砌开裂非常严重，左侧拱墙鼓裂，拱部钢筋裸露；拱顶混凝土块悬吊；路面断裂。进口端墙上方有大孤石悬吊。仰坡局部开裂、有危石，截水沟局部开裂（图 2.137 ~图 2.146）。

图 2.137　白云顶隧道进口、边坡垮塌

图 2.138　白云顶隧道出口、仰坡垮塌

图 2.139　施工缝错位、环向贯通裂缝

图 2.140　边墙下沉、检修道倾斜

图 2.141　边墙脚开裂、钢筋扭曲

图 2.142　环向开裂错台

图 2.143　斜向开裂、错台

图 2.144　环向开裂、渗水

图 2.145　边墙大面积开裂、渗水

图 2.146　拱墙混凝土剥落、钢筋外露

4）抢通措施（图 2.147 ～图 2.150）

图 2.147　边墙错位处钢管支撑

图 2.148　环向工字钢架支撑

图 2.149　环向工字钢架支撑

图 2.150　边墙错位处工字钢架支撑

第3章　都江堰—映秀岷江左岸水陆结合公路

3.1　概述

2008年5月14日早晨7点，经过5月13日一个不眠之夜的相关基础资料准备，由唐永建院长带队一行7人开始了经都江堰市龙池沿岷江左岸至映秀路抢通恢复方案踏勘。

3.2　震害调查及应急措施

3.2.1　紫坪铺大坝—龙池隧道进口段

首先通过的是原有紫坪铺水库的采料道路，该段道路是原紫坪铺水库建设期间通往尖尖山采料场的专用公路。紫坪铺水库建成后，其作为通往龙池镇的赔建公路的一部分，路基宽度12m，采用水泥混凝土路面，其主要破坏形式是上边坡的山体坍塌、下边坡的挡防结构物移位和行车道板的错位、断裂和开裂（图3.1～图3.4）。该段公路具备快速抢通的条件，可以采用清除上部坍塌体、绕避和平整下部错位路面的方式进行处理。

图3.1　上边坡的山体坍塌（1）

图3.2　上边坡的山体坍塌（2）

图3.3　路面拱起

图3.4　路面开裂

3.2.2 龙池隧道

通往龙池镇的龙池隧道是紫坪铺水库淹没区赔建道路的一部分（图 3.5），也是通往龙池镇的公路交通的咽喉要道，主要破坏形式是仰拱开裂拱起，二衬开裂掉块，隧道内路面升降错位等（图 3.6）。该隧道内可以采用局部段落单边通行、加固二衬的方法进行处理，短时间内虽然无法完全修复，但具备快速抢通的条件。

图 3.5 龙池隧道进口

图 3.6 仰拱开裂拱起

3.2.3 龙池隧道—龙池镇段

该段公路受地形限制，采用了大量的回头曲线和高边坡依山而建，主要破坏形式是上边坡的多处山体坍塌和滑坡，路基完全被掩埋（图 3.7、图 3.8）。该段公路距离震中较近，山体坍塌和滑坡土方数量巨大、清除量大、时间长，不具备快速抢通条件。经调查，该路修建时使用过的一条施工便道可以通往龙池镇，该便道虽然已荒废多年，且标准较低，但依然可以利用，而且在此次地震中受损情况并不严重；虽然存在个别路段的局部上边坡垮塌，但通过采用清除上部坍塌体、局部线形调整的方法处理，具备快速抢通的条件。

图 3.7 地震断层引起挡墙垮塌、水泥路面隆起

图 3.8 上边坡的山体坍塌和滑坡

经过施工便道，就到达龙池镇新规划的城区道路。该段道路位于河谷冲积体上，在此次地震中破坏并不严重。跨溪沟小桥除防震挡块、伸缩缝、台后路面破坏外，梁板及下部基本可以使用，可直接到达龙池镇。

3.2.4 龙池镇—都汶高速公路龙洞子隧道出口段

该段公路沿山脚而建，路基宽度 6.5m，采用水泥混凝土路面，在地震中受损也比较严重，主要破坏形式是上边坡的山体坍塌、下边坡的挡防结构物移位、倒塌和行车道板的错位、断裂和开裂（图 3.9 ～图 3.11）。该段公路可以采用部分路段绕行，清除上部坍塌体、平整下部错位路面的方式进行处理，具备抢通的条件（图 3.12）。

图 3.9　下边坡的挡防结构物倒塌

图 3.10　上边坡的山体滑坡

图 3.11　上边坡的山体坍塌

图 3.12　需要绕行的部分路段

经过绕坝路要到达岷江左岸，就需要利用在建的都汶高速公路的部分路段和施工便道。由于通往都汶高速公路龙溪隧道进口的施工便道在地震中损毁严重，无法通行，只有通过新房子大桥桥下、通往龙洞子隧道出口的施工便道到达都汶高速公路上。该段便道在地震中也受到了一定程度的破坏，主要破坏形式为上边坡的山体坍塌、下边坡路基沉降错位（图 3.13、图 3.14）。经踏勘组人员现场踏勘后认为该段便道可以采用部分路段绕行，平整下部错位路基的方式进行处理，具备快速抢通的条件。

图 3.13　下边坡路基沉降错位

图 3.14　新房子大桥梁体错位

3.2.5 龙洞子隧道进口—庙子坪特大桥段

通过施工便道就可以到达在建的都汶高速公路龙洞子隧道出口。在地震中龙洞子隧道也受到了较大的破坏，隧道右洞出口基本被上边坡坍塌的山体掩埋，左洞出口也有较大的坍塌物，洞内局部仰拱错位，部分二衬掉落。该隧道左洞可以采用清除洞口上部坍塌体、加固洞内二衬的方式进行处理，具备快速抢通的条件。

通过龙洞子隧道，经地震中基本未受损的都汶高速公路路基和通往原东风水泥厂的地方道路，就来到了岷江左岸。但是由于紫坪铺水库蓄水的原因，原岷江左岸的老成阿公路位于水库水位以下无法通行，而且岷江左岸基本上是悬崖峭壁（图 3.15），地震造成悬崖上部沿岷江 800 多米长度范围内山体大面积垮塌，同时受余震影响不断有飞石掉落，根本不具备通行的可能。经研究后认为，该段道路完全不具备快速抢通的可能，只有通过都汶高速公路到达岷江右岸才有继续向映秀前进的可能，但都汶高速公路跨越岷江的庙子坪特大桥在此次地震中受损严重，引桥 50mT 梁 1 孔落梁，无法通行，其余孔跨纵横向挡块全部破坏，部分支座脱落，但考虑到抗震抢通的紧迫性和重要性，可采用搭设贝雷架的方法强行打通庙子坪特大桥（图 3.16）。

图 3.15 岷江左岸的悬崖峭壁

图 3.16 庙子坪岷江特大桥及岷江左岸地形

3.3 调查结论、应急抢通方案

3.3.1 调查结论

(1) 受此次“5·12”汶川 8.0 级特大地震影响，经都江堰市龙池沿岷江左岸至映秀原有公路的路基、桥梁和隧道都受到了不同程度的损坏，但由都江堰紫坪铺水库至都汶高速公路岷江庙子坪特大桥的原有地方道路通过清方、加固结构物和部分绕行的方式具备在一天内抢通的条件。

(2) 受紫坪铺水库蓄水的影响，原岷江左岸的老成阿公路位于水库水位以下无法通行，而且岷江左岸基本上是悬崖峭壁，悬崖上方山体大面积垮塌，同时受余震影响不断有飞石掉落，不具备短时间内新建抢通的可能。

3.3.2 抢通建议

为保证抗震救灾的需要，打通通往映秀的交通，可考虑以下两种方案：

（1）采用搭设贝雷梁的方法强行打通庙子坪特大桥，由岷江左岸迂回至岷江右岸，可实现中间开花，两头夹击，加快打通现在中断的国道 213 线都江堰至映秀段公路，以满足抗震救灾的陆路交通要求。

（2）大坝—映秀可采用水、陆结合运输方式抢运救援人员、救援物质、救援设备进入映秀，第一时间拯救生命（图 3.17、图 3.18）。

图 3.17　冲锋舟运送人员和物资（1）

图 3.18　冲锋舟运送人员和物资（2）

第4章 都江堰—汶川公路都江堰—映秀段高速公路

4.1 概述

“5·12”汶川大地震对汶川县及其邻近地区造成了十分严重的危害，都江堰至映秀高速公路作为成都通往汶川的最重要的交通干线之一，在此次地震中受损严重，给抗震救灾救援人员及物资运输带来了极大的困难。

本项目于2003年10月全面开工，“5·12”地震前仍未建成通车。起点接成灌高速公路，经玉堂、龙池至映秀，路线全长25.858km（另建卧龙连接线长0.86km）（图4.1）。

我院于2008年5月13日开始，陆续组织相关工程技术人员，冒着余震频发、大雨不断，随时可能发生滑坡、崩塌、飞石、泥石流等次生灾害的危险，多次徒步深入受灾最严重的都江堰、映秀施工现场第一线，及时完成了都汶公路高速路段全线的路基、路面、桥涵和隧道工程受灾情况的调查、检测和灾后重建所需基础资料的收集。

图4.1 地理位置图

4.2 震害调查

4.2.1 路基、路面工程

都江堰至映秀高速公路沿线路基工程在“5·12”汶川特大地震中受到损毁的工点共有22处，受损路段总长2 464.196m，占路线总长度的9.53%；主要表现形式有填方路基沉降及其引起的边坡护坡、路面开裂，结构物移位、倒塌，路堑边坡滑坡、崩塌和掩埋等。路面的损坏主要出现在已完工沥青混凝土路面段的桥头，其主要病害如下。

(1) 沥青路面：①宽而长的纵向裂缝；②横向裂缝；③桥头沉陷；④错台（与纵缝和横缝伴生）；⑤伸缩缝与沥青路面接缝开裂。

(2) 水泥路面：①板块断裂破碎；②纵缝张开，拉杆断裂；③板块接缝处碎裂。

1) **路基**（图4.2～图4.9）

图 4.2　马家沟中桥桥头路基沉降

图 4.3　玉堂收费站填方边坡护坡开裂

图 4.4　玉堂收费站路基中线出现纵向裂缝

图 4.5　王家沟中桥桥头出现横向裂缝

图 4.6　新房子大桥成都岸桥头挡墙倒塌（1）

图 4.7　新房子大桥成都岸桥头挡墙倒塌（2）

图 4.8　路线止点左侧浸水挡墙移位

图 4.9　路线止点左侧顺河挡墙变形、错位

2）主要受损路基工程

（1）龙洞子隧道出口仰坡

由于隧道仰坡以上地面横坡陡峻，属于抗震不利地段，加之该段岩体破碎、节理发育，地震后产生大规模岩体崩塌，破坏了已施工的防护工程和截排水系统，并掩埋了隧道右洞洞口（图4.10）。

图4.10 龙洞子隧道出口仰坡岩体崩塌及右洞口被埋

（2）K25+600～K25+858.348段右侧上边坡

K25+600～K25+858.348段右侧上边坡原上覆厚度约3～10m碎块石土，下伏为晋宁期花岗岩，岩体裂隙发育。原该段坡脚已做桩板墙防护（图4.11）。

图4.11 K25+600～K25+858.34地震前已建成的桩板墙

震后上边坡严重垮塌，垮方量达20万立方米，植被毁坏，塌方体已越过桩板墙顶，完全覆盖了都汶高速路路基，部分塌方已进入岷江。坡面残留较多的破碎岩体（图4.12、图4.13）。

3）路面

（1）沥青路面（图4.14～图4.19）

图 4.12　K25+600 ~ K25+858.34 段右侧上边坡垮塌

图 4.13　映秀岷江大桥桥头和 K25+600 ~ K25+858.34 段右侧上边坡垮塌

图 4.14　都汶高速公路起点路面出现纵向裂缝

图 4.15　玉堂互通式立交 A 匝道沿中线路面出现纵向裂缝

图 4.16　走马河中桥桥头路面出现横向裂缝

图 4.17　马家沟中桥桥头出现横向裂缝

图 4.18　走马河中桥桥头沉陷

图 4.19　王家沟中桥桥头沉陷并出现错台

(2) 水泥路面（图 4.20 ~图 4.22）

图 4.20　玉堂互通式立交收费站板块断裂破碎

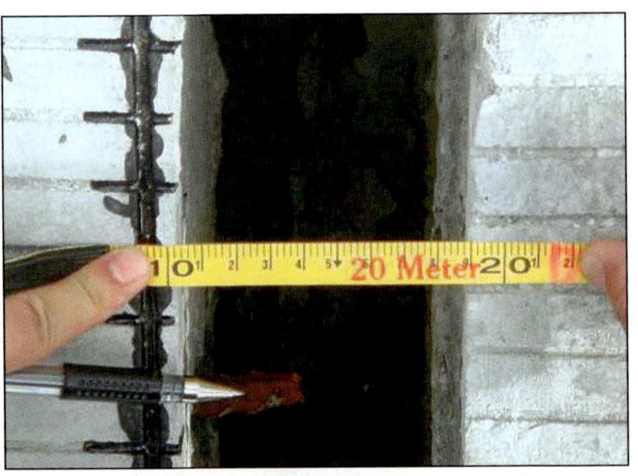

图 4.21　玉堂互通式立交收费站纵缝张开，拉杆断裂

图 4.22　玉堂互通式立交收费站板块接缝处碎裂

4.2.2　桥涵工程

都江堰—映秀高速公路在"5·12"汶川特大地震中全线 37 座桥梁均受到不同程度的破坏。根据检测报告结论，其中五类桥梁 20 座，四类桥梁 5 座，三类桥梁 7 座，二类桥梁 1 座，另有 1 座桥梁完全倒塌和 3 座桥梁未完工没有进行评级；有 28 道涵洞受损。

1）桥梁（图 4.23 ~图 4.34）

图 4.23　K2+368 小桥伸缩缝、护栏挤压破坏

图 4.24　LK0+180.6 中桥伸缩缝、护栏挤压破坏

图4.25　螃蟹河大桥搭板尾部路基沉陷

图4.26　螃蟹河大桥锥坡开裂、滑移

图4.27　庙子坪岷江特大桥挡块破坏

图4.28　王家沟中桥挡块破坏

图4.29　上跨成灌高速公路跨线桥支座挤压变形

图4.30　马家沟中桥桥面板旋转

图4.31　玉堂互通跨线桥重力式桥台台身开裂

图4.32　螃蟹河大桥重力式桥台台身开裂

图 4.33 龙溪隧道出口顺河桥倒塌（1）

图 4.34 龙溪隧道出口顺河桥倒塌（2）

2）主要受损桥梁

（1）庙子坪岷江特大桥

本桥位于都江堰紫坪铺水库库区，孔跨布置为 2×50m 简支 T 梁 +125m+220m+125m 连续刚构 +17×50m 简支 T 梁，全桥长 1 440m，最高桥墩高达 108m（图 4.35、图 4.36）。

"5·12"汶川特大地震后，我院技术人员多次考察现场，进行了详细的检测，包括派遣蛙人潜入 40m 深水对主墩进行检测。

图 4.35 地震前的庙子坪特大桥

本桥出现的主要震害是：①第 10 跨引桥 T 梁落梁（图 4.37、图 4.38、图 4.39、图 4.40）；②部分桥墩墩顶移位、墩底出现裂缝；③引桥 T 梁横向和纵向移位；④全桥大部分挡块、垫石损坏（图 4.41 ～图 4.44）。

图 4.36 地震后的庙子坪特大桥

图 4.37 第 10 跨引桥落梁

图 4.38 T 梁坠落时损坏的 11 号桥墩盖梁

图 4.39 T 梁坠落时损坏的 10 号桥墩盖梁

图 4.40　10 号桥墩处桥面连续损坏

图 4.42　引桥 T 梁挡块、垫石破坏（2）

图 4.41　引桥 T 梁挡块、垫石破坏（1）

图 4.43　交界墩箱梁挡块、垫石破坏（1）

图 4.44　交界墩箱梁挡块、垫石破坏（2）

（2）新房子大桥

本桥以分离式方式跨越新房子沟，左线桥采用 5×40m 简支 T 梁，右线桥采用 6×25m 连续箱梁 +5×40m 简支 T 梁；连续梁下部采用双柱式桥墩及桩基础，简支 T 梁下部采用空心薄壁墩，承台桩基（图 4.45）。

“5·12”汶川特大地震后，本桥出现的主要震害是：①梁体移位，挡块破坏（图 4.46、图 4.47）；②梁体移位，支座破坏（图 4.48）；③地基滑移破坏（图 4.49、图 4.50）；④墩柱倾斜（图 4.51）。

（3）映秀连接线岷江桥

本桥连接岷江左岸的都汶高速公路与岷江右岸的映秀镇及卧龙连接线烧火坪隧道。岷江大桥采用 4×25m+27m 预应力混凝土空心板、桩柱式桥墩、U 形桥台。

“5·12”汶川特大地震后，本桥出现的主要震害是：①梁体平面旋转、移位（图 4.52、图 4.53）；

图 4.45　地震后的新房子大桥

图 4.46　梁体移位

图 4.47　挡块破坏

图 4.48　梁体移位，支座破坏

图 4.49　地基滑移破坏（1）

图 4.50　地基滑移破坏（2）

图 4.51　墩柱倾斜

②第1跨被完全掩埋，边板折断（图4.54）；③巨石撞击2号桥墩（图4.55）。

为抢通道路，设钢管支承映秀岸桥台处空心板，架设321公路钢梁跨越第1跨。后因余震，山体继续崩塌，321公路钢梁无法满足大型车辆左转需要，故在第1跨下设混凝土支墩支撑梁体后，拆除321公路钢梁（图4.56～图4.58）。

图4.52　梁体平面旋转

图4.53　梁体平面旋转

图4.54　第1跨被掩埋

图4.55　巨石撞击2号桥墩

图4.56　5号桥台处钢管临时支墩

图4.57　架设321公路钢梁

图4.58　第1跨梁底浇筑混凝土支墩

3）隧道工程

都江堰至映秀段高速路设隧道4座，即紫坪铺（原董家山）隧道和龙溪隧道为特长隧道、龙洞子隧道为长隧道，卧龙连接线烧火坪隧道为中短隧道，隧道总里程长度为18 051.5m（单洞）。该路段隧道主要震害形式见表4.1。

隧道主要破坏形式表　　表4.1

项目名称	主要破坏形式
洞口	边仰坡坡面、防护工程、截排水沟局部有开裂变形
	边、仰坡垮塌掩埋洞口，洞门墙砸坏
洞身衬砌	洞门墙身局部开裂
	二次衬砌开裂、剥落、掉块、钢筋外露、垮塌、渗水
	施工缝开裂、错台、渗水
	初期支护开裂、变形、侵限，掌子面垮塌
仰拱及路面	开裂、错台、隆起或下沉
	渗漏水
次生灾害	逆坡施工段涌突水淹没隧道，瓦斯积聚

（1）紫坪铺隧道（图4.59～图4.70）

（2）龙洞子隧道（图4.71～图4.82）

（3）龙溪隧道（图4.83～图4.96）

（4）卧龙连接线烧火坪隧道（图4.97～图4.101）

图4.59　进口洞门

图4.60　出口洞口全貌

图4.61　洞口附近地表开裂

图4.62　洞口施工设备倒塌

图4.63　施工缝开裂、压碎

图4.64　施工缝错台开裂

图4.65　边墙大面积开裂渗水

图4.66　拱墙纵、横交错裂缝

图4.67　仰拱路面横向开裂

图4.68　电缆沟开裂

图4.69　路面横向开裂、错台与电缆沟贯通

图4.70　停电无法抽水，洞内积水淹没

图 4.71　进口全貌

图 4.72　进口巨石滚落至洞口

图 4.73　出口全貌、仰坡崩塌掩埋

图 4.74　洞门墙被落石砸坏、开裂渗水

图 4.75　二次衬砌掉块

图 4.76　边墙大面积开裂

图 4.77　电缆沟开裂、错台

图 4.78　路面及边墙开裂

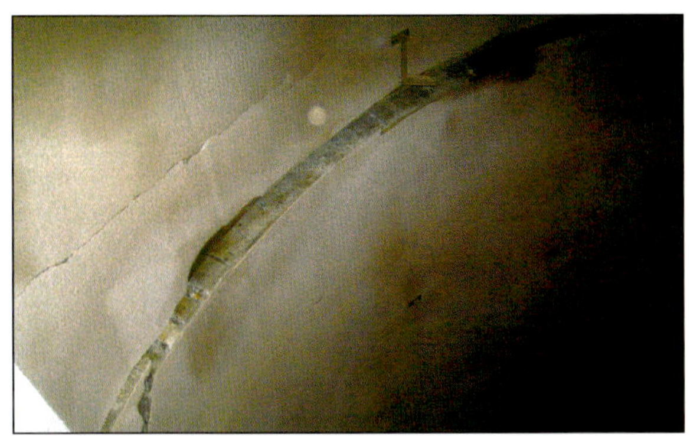
图4.79 施工缝错台、开裂、掉快

图4.80 边墙环向开裂

图4.81 混凝土剥落

图4.82 施工缝附近裂缝

图4.83 进口全貌

图4.84 进口路面隆起、整体向洞外推移

图4.85 出口全貌

图4.86 出口巨石滚落至洞口

图 4.87 进口明洞大面积开裂

图 4.88 出口段衬砌破坏

图 4.89 斜向开裂、错台

图 4.90 边墙纵横向开裂、渗水

图 4.91 施工缝开裂、错台、剥落

图 4.92 大面积开裂错台

图 4.93 二次衬砌整体坍塌

图 4.94 进口路面开裂、错台

图 4.95　路面纵向开裂、隆起

图 4.96　路面纵向开裂、隆起

图 4.97　进口全貌

图 4.98　洞口与桥台错台 40cm

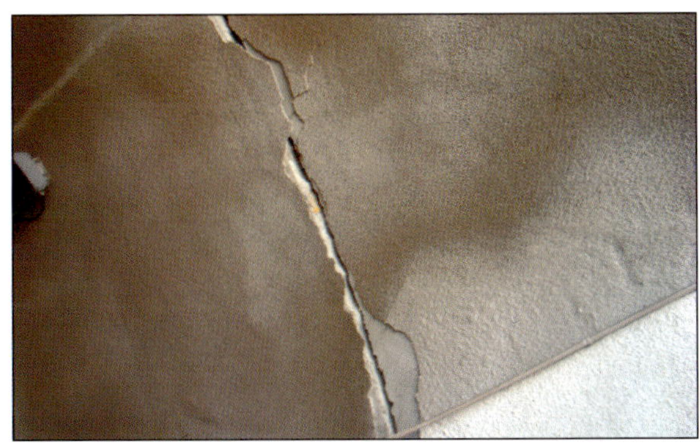

图 4.99　施工缝开裂、内装剥落

图 4.100　进口段衬砌大面积开裂、内装剥落

图 4.101　出口被滑坡堆积物掩埋

第5章 国道213线映秀—汶川段新、老公路

5.1 概述

新国道213线映秀至汶川段为二级公路，设计速度40km/h，路基宽度8.5m，长56.2km，2007年底已建成通车。老国道213线为三级公路标准，设计速度30km/h，路基宽度7.5m，长56.87km，新老路布设于岷江两岸，如图5.1所示。

根据四川省交通厅的安排我院成立了调查组，2008年5月15日，调查组3人沿国道213线由映秀铝厂沿岷江右岸深入，冒着随时有飞石及崩塌的危险，向前行进约5km至映秀，其后沿映秀滨江路向汶川方向调查约1km受阻。2008年6月5日～8日，我院继续对国道G213线新、老公路映秀至汶川段路基、路面、桥梁、隧道震害情况进行实地调查。调查组一行8人，与四川路桥集团大桥公司、隧道公司、第三分公司、桥梁公司的技术人员共19人一道，徒步穿越并踏勘映秀至草坡段，调查已经抢通的草坡至汶川段，对全路段的震害情况进行了全面的调查，形成了初步的抢通方案。

(1) 老国道213线映秀至草坡段（长约27.84km），受滑坡、泥石流、崩塌、飞石等灾害及堰塞湖的影响，路基损毁长度为22.11km，损毁率近80%；段内桥梁除少数几座石拱桥尚保存完好外，其余梁、板式桥均受损严重，2座桥梁被震垮。草坡至汶川段（长约34.76km），受损情况也十分严重，道路多处被滑坡、崩塌体毁坏、掩埋；桥梁均不同程度受损，表现为梁体位移，防震挡块破坏，支座移位或滑落，桥面伸缩缝变形、破坏，桥台开裂，桥头路基沉陷等。

(2) 新G213线映秀至草坡段长27.196km，除7座隧道受损较轻外，65%的路段被损坏或掩埋，7座大中桥被震（砸）垮，所有桥梁均严重移位。

(3) 沿线滑坡体和崩塌体点多、线长、量大，每公里达19处，滑坡体高度达700m。初步估算，映秀至汶川仅清出一条便道需清除塌方约210万立方米，若要恢复运输通行，需清除塌方约520万立方米以上，平均每公里清方量达10万立方米。

(4) 次生灾害严重。由于本段路线靠近地震震中，除公路被直接毁坏外，特别是岷江两岸的巨型崩塌体、山体滑坡、危岩和滚石随时都会危及施工抢险人员及车辆安全，抢通保通工作难度很大。

5.2 震害调查

5.2.1 路基、路面

本路段路基、路面的震害有滑坡、泥石流、崩塌、飞石等地震灾害及堰塞湖次生灾害引起路基被掩埋、淹没，路基垮塌、路面开裂、下沉，挡墙及边坡防护工程破坏。

1) 老国道213线

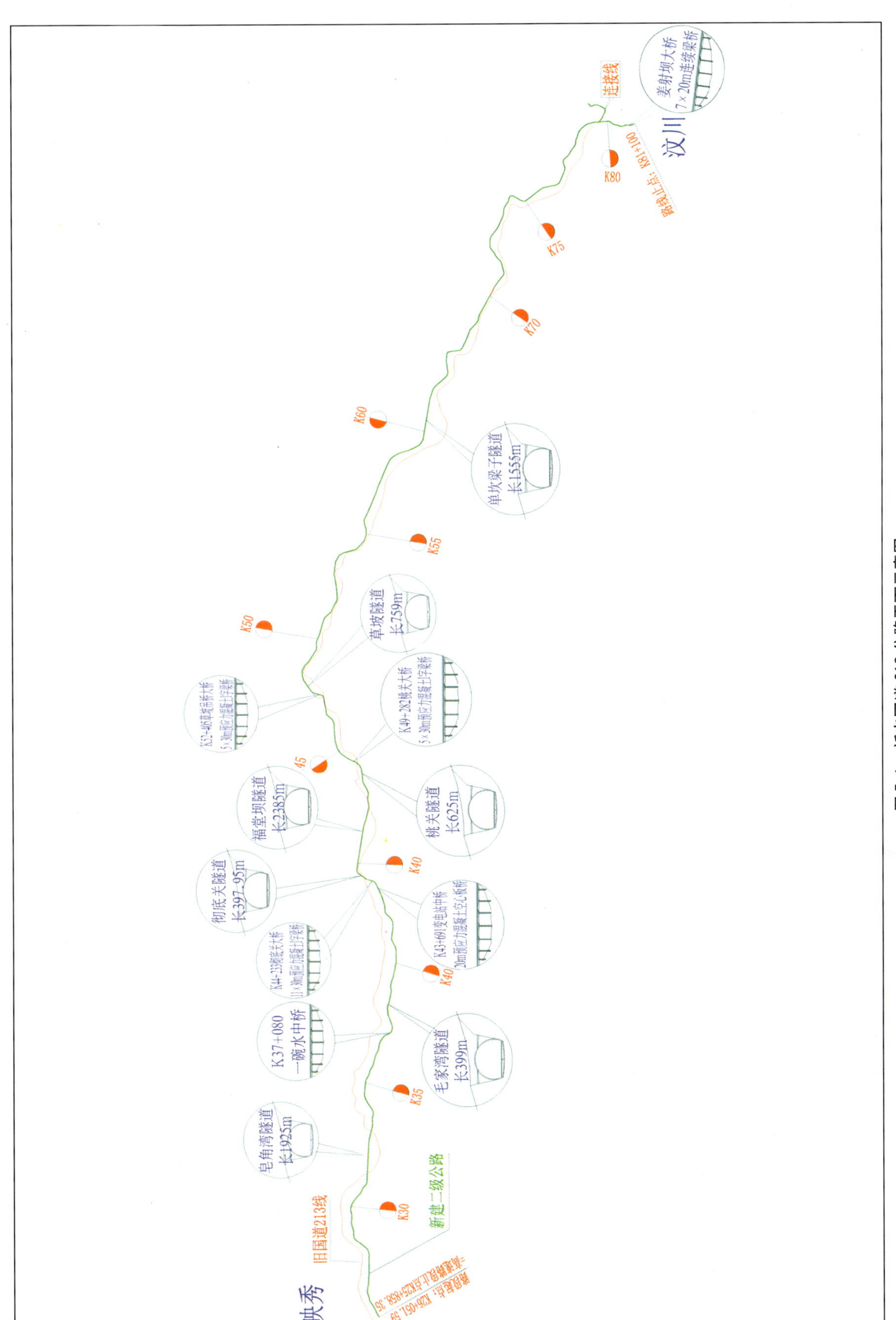

图5.1　新老国道213公路平面示意图

受特大地震的影响，老 G213 线毁坏特别严重，映秀至草坡段（对应新 G213 线桩号）的损毁情况如图 5.2 ～图 5.29 所示，具体情况见表 5.1。

老 G213 线损毁情况一览表（总塌方量为目估测量）　　表 5.1

序号	起讫桩号	损毁情况	长度(m)	总塌方量(万立方米)	备　注
1	K25+435 ～ K26+100	路面开裂破坏，局部被倒塌房屋的废墟掩盖	655		
2	K26+100 ～ K27+500	大型崩塌，坍塌体临界稳定，路基被掩埋，塌方中有较大块石，局部路段边坡上方有岩块崩落	1 470	100	
3	K27+500 ～ K27+750	小型崩塌，路基局部掩埋，边坡基本稳定	220	1	
4	K27+750 ～ K28+350	大型崩塌，路基被掩埋，边坡临界稳定	610	35	
5	K28+350 ～ K29+660	大型崩塌，其间有 2 处滑坡，坡体不稳定，该段因右岸山体滑坡形成的堰塞湖，路基被淹没，坡顶不时有崩塌碎落；局部路段为块石土	1 380	150	
6	K29+660 ～ K30+260	大型崩塌，坍塌体不稳定，坡顶不断有岩块崩塌滑落，路基被掩埋，塌方体积大	600	300	
7	K30+260 ～ K30+460	大型泥石流，桥梁被损毁	150	20	
8	K30+460 ～ K31+941	大型崩塌，坍塌体临界稳定，路基被掩埋，局部路段路基半幅毁坏，但石拱桥尚完好	1 440	260	
9	K31+941 ～ K33+510	大型崩塌，崩塌体临界稳定，路基被掩埋，局部路段路基半幅毁坏	1 750	300	
10	K33+866 ～ K34+690	中型崩塌，崩塌体基本稳定，大部分路基被掩埋，局部路段巨石砸坏路面	840	30	
11	K34+950 ～ K35+110	右侧坡脚为岷江顶冲岸，半幅路基垮塌	220	10	
12	K35+480 ～ K35+520	大型崩塌，路基被掩埋，埋深较大，崩塌体不稳定，坡面时有崩塌物不断滚落	450	130	
13	K36+250 ～ K39+650	大型崩塌，崩塌体临界稳定，路基大部分被掩埋，崩塌体挤压岷江河道	3 365	470	
14	K40+370 ～ K41+840	大型崩塌，崩塌体不稳定，山顶不断垮塌，路基被掩埋，埋深大；崩塌体挤压岷江河道	1 435	280	
15	K42+630 ～ K47+370	大型崩塌，崩塌体不稳定，山顶不断垮塌，路基被掩埋，埋深大，段内有 2 段小型泥石流	2 480	230	
16	K47+630 ～ K48+560	连续中、小型崩塌，崩塌体临界稳定，大部分路基被掩埋，但埋深普遍不大	2 840	30	
17	K48+560 ～ K49+330	中型崩塌，崩塌体临界稳定，路基被掩埋，埋深不大	755	20	
18	K49+330 ～ K49+400	中型崩塌，崩塌体基本稳定，路基被掩埋	70	3	
19	K49+400 ～ K49+500	小型崩塌，崩塌体基本稳定，路基被掩埋	100	3	
20	K50+550 ～ K50+630	中型崩塌，崩塌体中含大块石，处于临界稳定状态，路基被掩埋，埋深不大	80	8	
21	K50+630 ～ K50+730	小型崩塌，崩塌体临界稳定，路基被掩埋	100	4	
22	K50+730 ～ K50+830	中型崩塌，崩塌体临界稳定，路基被掩埋	100	20	
23	K51+150 ～ K51+210	中型崩塌，崩塌体临界稳定，路基被掩埋	60	10	
24	K51+210 ～ K51+310	小型崩塌，崩塌体临界稳定，路基被掩埋	100	4	
25	K51+310 ～ K51+410	中型崩塌，崩塌体中含大块石，崩塌体临界稳定，路基被掩埋	100	5	
26	K51+410 ～ K51+950	中型崩塌，崩塌体中含大块石，崩塌体临界稳定，路基被掩埋	540	25	已抢通
27	K51+950 ～ K52+509	基本完好，但连接至隧道进口的连接公路有 200m 长的中型崩塌；草坡隧道进口常落石	200	8	已抢通
合计			22 110	2 456	

从上表可见，映秀至草坡段老G213线长约27.84km，路基损毁长度为22.11km，损毁率近80%。

图5.2 K26+100 ~ K27+500 大型崩塌，路基被掩埋，现已清除

图5.3 K27+500 ~ K27+750 小型崩塌，路基局部掩埋

图5.4 K28+350 ~ K28+660 该段因右岸山体滑坡形成的堰塞湖，路基被淹没，坡顶不时有崩塌碎落

图5.5 K28+500 ~ K28+860 因右岸山体滑坡形成的堰塞湖，路基被淹没

图5.6 K28+860 ~ K29+400 因右岸山体滑坡形成的堰塞湖，路基被淹没

图5.7 K29+000 ~ K29+300 因右岸山体滑坡形成的堰塞湖，路基被淹没

图5.8 K29+3500 ~ K29+400 小型滑坡，路基被堰塞湖淹没

图5.9 K29+400 ~ K29+700 大型崩塌，路基被堰塞湖淹没

图 5.10　K29+700 ~ K30+200 大型崩塌，坡顶不断有岩块崩塌滑落，路基被堰塞湖淹没

图 5.11　K30+200 ~ K30+400 路基被堰塞湖淹没

图 5.12　K30+200 ~ K30+400 路基被堰塞湖淹没

图 5.13　K30+335 大型泥石流，已侵占岷江三分之二河道，桥梁被损毁

图 5.14　K31+500 依然完好的石拱桥

图 5.15　K33+866 ~ K34+690 中型崩塌，大部分路基被掩埋，局部路段巨石滚落于路面上，砸坏路面

图 5.16　K34+950 ~ K35+110，右侧坡脚为岷江顶冲岸，半幅路基垮塌

图 5.17　K35+150 ~ K35+220，挡墙垮塌

图5.18 K35+480 ~ K35+520 大型崩塌，路基被深埋，坡面有崩塌体不断滚落

图5.19 K36+250 ~ K39+650 大型崩塌，路基大部分被掩埋，崩塌体挤压岷江河道

图5.20 K41+330 ~ K41+470 大型崩塌，路基被掩埋

图5.21 K42+630 ~ K42+950 大型崩塌，山顶不断垮塌，路基被深埋

图5.22 K43+500 ~ K43+690 大型崩塌，山顶不断垮塌，路基被深埋

图5.23 K44+630 ~ K44+900 大型崩塌，山顶不断垮塌，路基被深埋

图5.24 K44+500 ~ K44+850 大型崩塌，路基被深埋

图5.25 K45+050 ~ K45+100 大型崩塌，路基被掩埋

图 5.26　K45+070 ~ K47+150 大型崩塌，路基被掩埋

图 5.27　K45+100 ~ K45+200 大型崩塌，山顶不断垮塌，路基被深埋

图 5.28　K51+310 ~ K51+410 中型崩塌，路基被掩埋

图 5.29　K51+410 ~ K51+950 中型崩塌，山顶不断垮塌，路基被掩埋

2）新国道 213 线（都汶公路）

新 G213 线损毁情况如图 5.30 ~ 图 5.67 所示，具体情况见表 5.2。

新 G213 线损毁情况一览表（总塌方量为目估测量）　　表 5.2

序号	起讫桩号	损毁情况	长度(m)	总塌方量(万立方米)	备　注
1	K25+120 ~ K25+570	零星崩塌，河堤内路基大部分完好，但顺河高架桥垮塌	450	1	
2	K25+570 ~ K25+858	大型崩塌，崩塌体临界稳定，路基及映日路岷江大桥桥头被埋，路基埋深大	288	30	
3	K26+051 ~ K26+450	小型崩塌，崩塌体基本稳定，路基被掩埋，局部段落挡土墙被砸坏	399	3	
4	K26+450 ~ K26+960	大型崩塌，崩塌体不稳定，山顶随时有大量崩塌体下滑，路基被掩埋，埋深较大	510	50	
5	K26+960 ~ K27+780	零星崩塌，路基部分被掩埋，埋深不大	820	2	
6	K27+780 ~ K28+000	小型崩塌，崩塌题基本稳定，路基被掩埋，部分桥孔垮塌	220	3	
7	K28+400 ~ K29+480	大型滑坡，滑坡体大石林立，处于临界稳定状态，第一处大滑坡将岷江堵塞河道形成高约 10m 的堰塞湖，江水顶冲对岸，可能诱发对岸大型滑坡形成更大的堰塞湖，第二段滑坡体积巨大，新 G213 线收费站深埋其下	1 500	1 050	
8	K29+480 ~ K30+100	零星大块石滚落于路面上，路面被砸坏，局部段路基被掩埋	560	10	
9	K30+100 ~ K30+520	大型崩塌，崩塌体含大块石，临界稳定，路基被掩埋	330	30	

续上表

序号	起讫桩号	损毁情况	长度(m)	总塌方量(万立方米)	备　注
10	K31+050 ~ K31+210	中型崩塌，崩塌体含大块石，临界稳定，路基被掩埋	160	8	
11	K34+100 ~ K34+200	中型崩塌，崩塌体不稳定，路基被掩埋，局部挡土墙坡坏	100	2	
12	K34+200 ~ K34+350	中型崩塌，崩塌体临界稳定，路基被掩埋，局部挡土墙变形	150	2	
13	K34+370 ~ K34+700	中型崩塌，崩塌体不稳定，坡顶不时有崩塌岩石碎落，路基被掩埋	330	6	
14	K35+700 ~ K35+750	中型崩塌，崩塌体不稳定，路基被掩埋	50	3	
15	K35+750 ~ K35+840	小型崩塌，崩塌体不稳定，路基被掩埋	90	3	
16	K35+920 ~ K36+000	中型崩塌，崩塌体不稳定，路基被掩埋	80	4	
17	K36+000 ~ K36+200	小型崩塌，崩塌体不稳定，路基被掩埋	200	5	
18	K36+500 ~ K36+920	中型崩塌，崩塌体不稳定，路基被掩埋，挡土墙局部被损坏，桥梁垮塌	420	10	
19	K36+920 ~ K36+980	挡土墙、局部路基垮塌	0	1	
20	K37+120 ~ K37+220	中型崩塌，崩塌体临界稳定，路基被掩埋	100	3	
21	K37+350 ~ K37+500	小型崩塌，崩塌体临界稳定，路基被掩埋	150	5	
22	K38+450 ~ K38+700	中型崩塌，崩塌体不稳定，掩埋毛家湾隧道出口及路基，隧道口坡顶常滚落石块	250	15	
23	K39+030 ~ K39+100	中型崩塌，崩塌体临界稳定，岩块滚落到路基上，路面局部受损	70	6	
24	K39+520 ~ K39+700	小型崩塌，崩塌体临界稳定，岩块滚落到路基上，路面局部受损	180	6	
25	K39+900 ~ K40+260	中型崩塌，崩塌体含较大石块，临界稳定，路基被掩埋	360	20	
26	K40+260 ~ K40+350	大型崩塌，崩塌体含较大石块，临界稳定，路基被掩埋	90	8	
27	K40+350 ~ K40+420	中型崩塌，崩塌体临界稳定，路基被掩埋	70	5	
28	K40+490 ~ K40+880	零星崩塌，崩塌体基本稳定，路面局部破坏	390	3	
29	K41+320 ~ K41+390	中型崩塌，崩塌体临界稳定，路基被掩埋	70	3	
30	K42+200 ~ K42+310	中型崩塌，崩塌体含大块石，不稳定，路基被掩埋，多辆汽车被砸坏	110	5	
31	K42+630 ~ K42+880	中型崩塌，崩塌体含大块石，不稳定，路基被掩埋	250	15	
32	K43+080 ~ K43+700	大型崩塌，崩塌体含大块石，不稳定，路基被掩埋，埋深大	620	50	
33	K47+300 ~ K47+320	桥头挡土墙垮塌	0	0	
34	K47+820 ~ K48+040	零星碎落	220	1	
35	K49+202 ~ K51+700	大型崩塌，蹦塌体临界稳定，局部不稳定，常有塌方滑落，多辆汽车被砸坏，河道局部积压	2 498	560	
36	K51+700 ~ K52+300	零星崩塌，路基轻微受损	600	1	
37	K52+300 ~ K52+509	大型崩塌，局部有泥石流，坍塌体不稳定，桥梁毁坏，草坡隧道进口处常落石	209	30	
合计			1 2894	1 959	

从上表可见，新 G213 线映秀至草坡段长 27.196km，扣除桥隧长度 8.056km，路基损毁长度为 12.894km，路基损毁率为 65%。

草坡至汶川段已于 2008 年 5 月 16 抢通。

图 5.30　K26+051 ~ K26+450 小型崩塌，路基抢通后又被掩埋，局部段落挡土墙被砸坏

图 5.31　K26+450 ~ K26+960 大型崩塌，山顶随时有大量崩塌体下滑，路基掩埋，抢通后，但随时被毁

图 5.32　K28+300 ~ K28+400 老路被严重冲毁

图 5.33　K28+400 ~ K28+600 大型滑坡堵塞岷江河道形成高约 10m 的堰塞湖

图 5.34　K28+600 ~ K29+480 大型滑坡，K28+637 顺河桥（8 ~ 20m）因堰塞湖被水淹

图 5.35　K28+600 ~ K29+480 大型滑坡，体积巨大，新 G213 线收费站及映秀湾电厂深埋

图 5.36　K29+480 ~ K30+100 段，零星大块石滚落于路面上，路面被砸坏，清理局部大块石即可抢通

图 5.37　K30+190 ~ K30+520 大型崩塌，崩塌体含大块石，路基被掩埋

图5.38 K31+050～K31+250大型崩塌，崩塌体含大块石，路基被掩埋

图5.39 K31+350路面开裂，错位

图5.40 K34+100～K34+200中型崩塌，路基被掩埋，局部挡土墙坡坏

图5.41 K31+400～K31+500路面被滚石砸坏，开裂、变形

图5.42 K34+200～K34+350中型崩塌，路基被掩埋，局部挡土墙变形

图5.43 K34+370～K34+700大型崩塌，坡顶不时有崩塌岩石碎落，路基被掩埋

图5.44 K35+920～K36+100中型崩塌，路基被掩埋

图5.45 K36+500～K36+920中型崩塌，路基被掩埋，挡土墙局部损坏

图 5.46 K36+920 ~ K37+120 中型崩塌，K37+080 中桥被毁，路基被掩埋

图 5.47 K38+450 ~ K38+700 小型崩塌，掩埋路基，毛家湾隧道出口坡顶常滚落石块

图 5.48 K39+030 ~ K39+100 中型崩塌，岩块滚落到路基上

图 5.49 K39+900 ~ K40+260 大型崩塌，路基被掩埋

图 5.50 K40+260 ~ K40+350 中型崩塌，路基被掩埋

图 5.51 K40+350 ~ K40+420 中型崩塌，路基被掩埋

图 5.52 K40+490 ~ K40+880 零星崩塌，路面局部破坏

图 5.53 K41+320 ~ K41+390 小型崩塌，路基被掩埋

图5.54　K42+200 ~ K42+310 中型崩塌，路基被掩埋，多辆汽车被砸坏

图5.55　K42+630 ~ K42+880 中型崩塌，路基被掩埋

图5.56　K42+800 ~ K43+700 大型崩塌，路基被深埋

图5.57　K42+800 ~ K43+700 大型崩塌，路基被深埋

图5.58　K47+300 ~ K47+320 桥头挡土墙垮塌

图5.59　彻底关隧道进口及彻底关大桥汶川岸边跨被埋

图5.60　K49+180 ~ K49+220 中型崩塌，崩塌体含大块石，桃关大桥映秀岸1 ~ 2跨被落石砸毁

图5.61　K49+550 ~ K49+700 中型崩塌，路基被掩埋

图 5.62 K50+100 ~ K50+300 中型崩塌，路基被掩埋并侵占岷江河道

图 5.63 K50+600 ~ K51+200 大型滑坡，路基被掩埋并侵占岷江河道

图 5.64 K50+600 ~ K51+200 大型滑坡，路基被掩埋并侵占岷江河道

图 5.65 K51+200 ~ K51+550 小型崩塌，路基被局部掩埋

图 5.66 K52+280 ~ K52+350 大型崩塌，局部有泥石流，桥梁毁坏

图 5.67 K52+480 ~ K52+509 大型崩塌，草坡隧道进口被埋，汶川岸边跨桥梁毁坏

5.2.2 桥梁

老 213 线映秀至草坡段内桥梁除少数几座石拱桥尚保存完好外，其余梁、板式桥均受损严重，2 座桥梁被震垮；草坡至汶川段（长约 34.76km），受损情况也十分严重，震害主要表现为桥梁垮塌，梁体位移、挡块破坏、支座移位或滑落、桥面伸缩缝变形或破坏、桥台开裂、桥头路基沉陷等。

新 213 线映秀至草坡段内共有 20 座大中小桥，其中大桥 12 座、中桥 7 座、小桥 1 座。所有桥梁震害都比较严重（表 5.3），其中被崩塌体完全掩埋的大桥 1 座，垮塌 3 孔及以上的大桥 4 座，垮塌 1 ~ 2 孔的中桥 1 座。全段抢通方案必须利用的大桥有 8 座、中桥 7 座、小桥 1 座；其中必须搭设“321”公路战备钢桥的中桥有 2 座，必须新建临时抢通便桥 1 座，主跨长 60m。

新G213线映秀至草坡段受损桥梁一览表 表5.3

编号	桥 名	桥 型	现状及抢通利用
1	K26+773 顺河大桥	8×20m 预应力空心板	两孔桥面板垮塌，两个桥墩严重受损，加固利用
2	K27+900 顺河大桥	7×20m 预应力空心板	部分受损，利用
3	K28+020 顺河中桥	1×20m 预应力空心板	带病，利用
4	K28+636.75 顺河大桥	8×20m 预应力空心板	被掩埋，不利用
5	K31+846 独秀峰大桥	6×30m 预应力混凝土I型梁	带病，利用
6	K33+955.5 兴文坪大桥	5×30m 预应力混凝土I型梁	带病，利用
7	K37+080 顺河桥中桥	8m+3×20m+16m 预应力混凝土空心板	4孔垮塌，不利用
8	K38+020 顺河中桥	1×20m 预应力空心板	带病，利用
9	K39+350 顺河中桥	1×30m 预应力混凝土I型梁	带病，利用
10	K42+430 罗圈湾中桥	1×30m 预应力混凝土I型梁	带病，利用
11	K43+690 变电站中桥	1×20m 预应力混凝土空心板	垮塌，不利用
12	K44+235 彻底关大桥	11×30m 预应力混凝土I型梁+1×20m 空心板	4孔垮塌，利用
13	K44+863.1 彻底关沟中桥	1×30m 预应力混凝土I型梁	带病，利用
14	K47+315 福堂坝中桥	2×20m 预应力混凝土空心板斜桥	完全受损，填筑
15	K47+708 福堂坝大桥	4×30m 预应力混凝土I型梁	带病，利用
16	K48+317 桃关沟大桥	1×30m+50m+2×30m 预应力混凝土I型梁	带病，利用
17	桃关隧道通道桥	1×7m 钢筋混凝土现浇板	带病，利用
18	K49+281.79 桃关大桥	5×30m 预应力混凝土I型梁	1～3孔垮塌，不利用
19	K51+625 水文站大桥	4×30m 预应力混凝土I型梁	部分受损，不利用
20	K52+405 草坡吊桥大桥	5×30m 预应力混凝土I型梁	4孔垮塌，不利用

典型受损桥梁简述：

(1) K26+773 大桥，1×30m+7×20m 预应力混凝土空心板顺河桥梁

震害：3号墩左柱、5号墩右柱斜剪破坏；第1、2孔被山体崩塌轧断、掩埋，6孔右侧边板损坏，墩台挡块全部开裂破坏，梁体横移导致支座与垫石部分脱空（图5.68～图5.74）。

图5.68 地震后的K26+773顺河大桥

图5.69 剪断的3号墩左柱和落梁的第2跨

图 5.70　3 号墩左柱剪断

图 5.71　剪断的 5 号墩右柱

图 5.72　5 号墩右柱剪断

图 5.73　被滚石撞坏的梁体

图 5.74　桥面护栏被落石砸坏

(2) K27+900 大桥，7×20m 预应力混凝土空心板顺河桥梁

震害：汶川岸边跨被山体塌方砸断，墩台防震挡块大部分开裂破坏（图 5.75、图 5.76）。

图 5.75　汶川岸边跨被崩塌体砸断

图 5.76　防震挡块开裂破坏

(3) K28+636.75 大桥，8×20m 预应力混凝土空心板顺河桥梁

震害：完全被大型崩坡积体掩埋，震害不明。

(4) K31+846 独秀峰大桥，6×30m 预应力混凝土 I 型梁，跨岷江

震害：梁体纵横向移位（映秀岸向下游岸移动 60cm，汶川岸向上游移动 50cm），墩台防震挡块开裂破坏，部分梁端封锚混凝土开裂，伸缩缝处梁体从滑板支座上脱落，直接支承在盖梁上，梁体因此下降 20cm 左右，伸缩缝破坏，3 号墩盖梁上右侧（上游）映秀岸边梁梁端一半悬出盖梁（图 5.77 ～图 5.79）。

图 5.77　挡块破坏，梁体悬出盖梁

图 5.78　梁体错位

图 5.79　桥台伸缩缝破坏

图 5.80　梁体纵横向移位，支座脱落

(5) K33+955.5 兴文坪大桥，5×30m 预应力混凝土 I 型梁，跨岷江

震害：梁体纵横向移位（映秀岸向下游岸移动 35cm，汶川岸向上游移动 30cm），部分墩台防震挡块开裂破坏，伸缩缝处梁体从滑板支座上脱落，直接支承在盖梁上，梁体因此下降 20cm 左右，伸缩缝破坏（图 5.80 ～图 5.81）。

图 5.81　挡块开裂破坏

（6）K37+080 一碗水中桥，8m+3×20m+16m 预应力混凝土空心板斜坡旱桥

震害：第 1 ~ 4 孔梁体被山体塌方砸断，1 号、2 号桥墩毁坏，3 号、4 号桥墩严重倾斜（图 5.82 ~图 5.84）。

图 5.82 地震后的一碗水顺河桥 （1）

图 5.83 地震后的一碗水顺河桥（2）

图 5.84 3 号、4 号桥墩和被掩埋的第 5 跨

（7）K43+690 变电站中桥，1×20m 预应力混凝土空心板

震害：梁体被山体塌方砸断（图 5.85）。

（8）K44+235 彻底关大桥，11×30m 装配式组合工字梁 +2×20m 空心板，第 1 ~ 4 孔跨越岷江，斜交 45°。下部结构为双柱式桥墩，钻孔灌注桩基础。0 号桥台为桩柱式桥台，13 号桥台为重力式 U 形桥台，11 号桥墩为钢筋混凝土肋板式桥台改造而成。

图 5.85 梁体被崩塌落石砸断

震害：第 1 ~ 3 孔梁体受山体崩塌滚下的巨大块石撞击而完全倒塌；接彻底关隧道的第 13 孔被山体崩塌掩埋；9 号、10 号桥墩受飞石撞击损坏（图 5.86 ~图 5.90）。

图 5.86　第 1 ~ 3 孔遭受巨石撞击而完全倒塌

图 5.87　撞击桥梁的巨石，坠落的梁体和桥墩残柱

图 5.88　巨石体积达 120m³

图 5.89　落梁处盖梁、支座、挡块破坏

图 5.90　10 号桥墩被飞石撞击，表面破碎

(9) K47+315 福堂坝中桥，2×20m 预应力混凝土空心板桥。

震害：两孔梁体被山体垮方砸断（图 5.91）。

图 5.91 梁体被山体垮方砸毁

(10) K47+708 福堂坝大桥，4×30m 预应力混凝土 I 型梁，跨岷江

震害：梁体纵横向移位（映秀岸向下游岸移动 50cm，汶川岸向上游移动 20cm），墩台防震挡块开裂破坏，映秀岸伸缩缝处梁体从滑板支座上脱落，直接支承在盖梁上，梁体因此下降约 20cm，伸缩缝破坏（图 5.92、图 5.93）。

图 5.92 桥墩横向挡块破坏

图 5.93 梁体移位，支座脱空

（11）K49+281.79 桃关大桥，5×30m 预应力混凝土 I 型梁，跨岷江

震害：映秀岸 1 ~ 3 孔梁体被山体垮方砸断，1 ~ 2 号墩毁坏，未毁坏的墩台上防震挡块破坏，3 号墩倾斜导致第 4 孔映秀岸梁端支承只有 10cm 左右，盖梁边混凝土已压碎，第 4 孔有随时垮塌危险（图 5.94、图 5.95）。

图 5.94　地震后垮塌的桃关大桥

图 5.95　梁体纵向移位，桥墩倾斜

（12）K51+625 水文站大桥，4×30m 预应力混凝土 I 型梁，跨岷江

震害：映秀岸边跨左侧（上游）被垮方掩埋，震害不明，第 2 孔桥面板被飞石击穿，空洞直径 60cm，墩台上挡块破坏（图 5.96、图 5.97）。

图 5.96　映秀岸边跨（上游）被垮方掩埋

图 5.97　桥面板被飞石击穿

（13）K52+405 草坡大桥（吊桥），5×30m 预应力混凝土 I 型梁，跨岷江

震害：映秀岸 1 ~ 3 孔梁体被山体垮方砸断，1 ~ 2 号墩毁坏，未毁坏的墩台上防震挡块破坏，第 4 孔左侧（下游）边梁被飞石击中，砸坏两股预应力钢束（图 5.98、图 5.99）。

图 5.98　地震后的草坡大桥

图 5.99　飞石击中边梁，预应力钢束被砸断

5.2.3 隧道

新 G213 线映秀至汶川 7 座公路隧道受地震影响较小，洞身结构外观良好，无明显震害缺陷；洞内个别风机、灯具等附属设施出现松动，需要进行简单的检查维修；洞门结构除桃关隧道进口端式洞门断裂外，其余洞门均无大的破坏，只是存在帽石脱落、崩塌岩体堵塞洞口等问题（图 5.100 ～图 5.109）。总的来说，映秀至汶川 7 座公路隧道的抢通、保通均不存在问题，只需进行简单的检查、清理、维修即可（表 5.4）。

新 G213 线映秀至汶川段公路隧道调查表　　表 5.4

编号	隧道名称	长度（m）	进　口	出　口	洞　身
1	皂角湾	1 925	良好，无明显破坏	部分帽石砸落	洞身二次衬砌外观良好，无明显震害缺陷；个别风机、灯具等附属设施出现松动；毛家湾隧道进口段沉降缝开裂
2	毛家湾	399	洞顶有少量碎落岩体	垮落岩体基本堵塞洞口，能过人	
3	彻底关	402.8	垮落岩体基本堵塞洞口，能过人	良好，无明显破坏	
4	福堂坝	2 385	良好，无明显破坏	良好，无明显破坏	
5	桃关	625	端墙断裂	垮落岩体基本堵塞洞口，能过人	
6	草坡	759	垮落岩体部分堵塞洞口，局部帽石砸落	部分帽石砸落，洞口有少量垮落岩体	
7	单坎梁子	1 555	良好，无明显破坏	少许帽石砸落	

图 5.100　皂角湾隧道出口仰坡垮塌、洞门墙砸坏

图 5.101　皂角湾隧道进口仰坡垮塌、洞门墙砸坏

图 5.102　毛家湾隧道出口边坡垮埋洞口

图 5.103　彻底关隧道进口仰坡垮塌掩埋洞口

图 5.104 桃关隧道进口洞门墙破坏

图 5.105 桃关隧道出口边坡垮塌、洞门墙破坏

图 5.106 草坡隧道进口仰坡垮塌、洞门墙砸坏

图 5.107 草坡隧道出口边坡垮塌、洞门墙砸坏

图 5.108 福堂坝隧道出口仰坡破坏

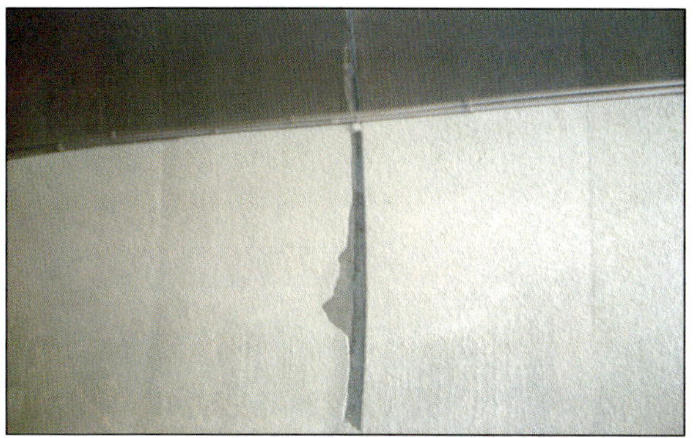
图 5.109 隧道局部施工缝开裂、内装剥落

5.3 抢通方案

5.3.1 抢通方案

根据调查组初步估算，映秀至汶川，新老G213线总的滑坡、泥石流、塌方量在8 000万立方米以上，若要两条路都打通，短时间难以完成抢通任务。因此，只能新、老G213线公路分段利用、局部清除，先抢通一条道路出来。

根据沿线新、老G213线的具体损毁情况，提出映秀至草坡段分四段进行抢险的方案。

1）卧龙连接线岷江大桥—水电局段

该段道路拟采用沿新 G213 线抢通的方案，新 G213 线沿岷江左岸布设，K26+773 顺河大桥抢通阶段对 3 号、5 号墩受损严重的墩柱采用外包钢板的形式紧急加固，并在第二跨主梁下填充片石混凝土（图 5.110、图 5.111）。

图 5.110　紧急加固后的 3 号墩左柱

图 5.111　紧急加固后的 5 号墩右柱

在 K28+040 ~ K29+480 段存在连续的 3 处大中型崩塌体及 2 处大型滑坡，造成 K28+040 ~ K28+400 段河床抬高，K28+400 ~ K29+480 段形成小型堰塞湖，上、下游水面高差约 15m（图 5.112、图 5.113）。

图 5.112　堰塞湖下游

图 5.113　堰塞湖上游

该堰塞湖造成 K28+900 ~ K29+480 段河道堵塞，新 G213 线严重损毁和被埋，K28+636.75 顺河大桥部分被大型滑坡体掩埋，部分被水淹没；下游形成的 K28+300 ~ K28+400 顶冲段，虽向左侧改移河道，采用混凝土预制 4 面体、钢筋片石笼等进行填筑，仍被湍急的江水冲走，无法填筑路基。

同时，岷江右岸 K26+000 ~ K28+040 右岸上方存在不稳定的 4 处大型崩塌体，飞石不断，极不利于保通（图 5.114、图 5.115）。

图 5.114　右岸下游顶冲段

图 5.115　右岸上游淹没段

在左岸，该堰塞湖造成对应的 K28+300 ~ K28+400 段老路被严重冲毁， K28+400 ~ K29+480 段的老路被堰塞湖淹没（淹没深度约 8 ~ 10m）（图 5.116）。

该堰塞湖改变水流方向后形成对左岸 K28+400 ~ K28+600 段的顶冲。从左岸出露的土层情况来看，主要是块石土层，长时间的坡脚冲刷，可能诱发左侧的山体滑坡，存在可能产生更大的堰塞湖的隐患，对下游映秀镇乃至紫坪铺电站都将构成较大的威胁（图 5.117）。因此，该堰塞湖应尽快清除。

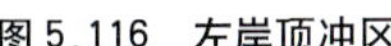
图 5.116　左岸顶冲区

图 5.117　可能诱发的滑坡

该段抢通保通有以下三个方案，即沿岷江左岸山坡新建便道、浮桥方案，沿岷江右岸的抢通方案，堰塞湖内采用漕渡方案。经多方研究比较，最终推荐采用方案二，即沿岷江右岸的先低线、后高线抢通方案（图 5.118）。

图 5.118　老虎嘴堰塞体抢通方案示意图

2）水电局—彻底关大桥段

新 G213 线于独秀峰跨岷江，穿皂角湾隧道，于兴文坪跨岷江，经银杏乡、苏坡店，穿毛家湾隧道，经沙坪关，于彻底关跨岷江。

除个别桥梁落梁破坏外，其余桥梁、所有隧道均能满足抢通通行及保通要求，地形横坡较老路平缓，路基灾害较老路轻，利于抢通和保通。

该段道路拟采用沿新 G213 线抢通的方案，对于零星崩塌和清方工程量相对不大、清理后坡面稳定的中小型崩塌，一般采取全部清除的方式；对于其他损毁段落，则视具体情况采取改道或局部清理成单车道翻越崩塌体的方式。该段路线长度约 19.70km，具体如下：

（1）K29+480 ~ K30+100 段，利用新 G213 线，清理局部大块石，按原路标准打通，工程量约 5 000m^3，如图 5.119 所示。

（2）K30+100 ~ K30+550 段，按单车道局部清理，翻越崩塌体，并于适当位置加设错车道，工程量约 9.5 万立方米，如图 5.120 所示。

图 5.119　落石阻断道路

图 5.120　边坡崩塌，掩埋道路

（3）K30+550 ~ K31+050 段，利用新 G213 线，路基完好。

（4）K31+050 ~ K31+250 段，按单车道局部清理，翻越崩塌体，工程量约 3.8 万立方米（图 5.121）。

图 5.121　边坡崩塌，掩埋道路

(5) K31+250 ~ K34+100 段，利用新 G213 线，K31+846 独秀峰大桥梁体移位严重，需靠左侧单车道通行，并应限载重 20 t；皂角湾隧道（K31+941 ~ K33+866）完好，可利用；兴文坪大桥梁体有移位，但尚完好，能满足双向通行。

(6) K34+100 ~ K34+700 段，按全部清除打通，该段塌方体积较大，约 10 万立方米，但无大的石块，清理难度较小，清除后坡面稳定（图 5.122）。

(7) K34+700 ~ K35+750 段，利用新 G213 线，道路完好。

(8) K35+750 ~ K36+200 段，按按单车道局部清理，翻越崩塌体，工程量约 3.5 万立方米（图 5.123）。

(9) K36+200 ~ K36+580 段，利用新 G213 线，路基完好。

(10) K36+580 ~ K37+500 段，按单车道局部清理，翻越崩塌体，并于适当位置设置错车道，工程量约 8 万立方米，段内 K37+080 一座 8m+3×20m+16m 顺河桥垮塌，短期为加快抢通，可炸掉一部分右侧山体，先抢出一条单车道临时便道，然后着手恢复重建该桥，如图 5.124 所示。

图 5.122　滑坡掩埋路基

图 5.123　边坡崩塌，掩埋道路

图 5.124　抢修的便道

(11) K37+500 ~ K38+452（毛家湾隧道出口）段，利用新 G213，路基及毛家湾隧道完好，可满足双向行驶，但毛家湾隧道出口被埋，需清理。

(12) K38+452 ~ K38+700 段，按全部清除打通，清方工程量约 9.5 万立方米，但毛家湾隧道出口附近保通压力大，山顶不时有塌方下滑，通车后需专人警戒，如图 5.125 所示。

(13) K38+700 ~ K39+900 段，利用新 G213 线，局部有少量塌方需清除，清方工程量约 5 000m^3，如图 5.126 所示。

(14) K39+900 ~ K40+880 段，按单车道局部清理，翻越崩塌体，并于适当位置设置错车道，工程量约 18 万立方米，如图 5.127 所示。

(15) K40+880 ~ K42+200 段，利用新 G213 线，路基基本完好，局部有少量塌方需清除，工程量约 7 000 m^3，如图 5.128 所示。

图 5.125 毛家湾隧道出口崩塌体

图 5.126 K38+800 ~ K39+900 公路上的局部坍塌体及路边被毁房屋

图 5.127 K40+220 大型崩塌体

图 5.128 K41+800 局部坍塌体

(16) K42+200 ~ K43+700 段，按单车道局部清理，翻越崩塌体，并于适当位置设置错车道，塌方中多为花岗岩，有较大的石块需爆破作业，工程量约 18 万立方米；段内 K43+690 变电站中桥（1×20m）垮塌，需架设 321 钢桥实现抢通、保通，如图 5.129、图 5.130 所示。

(17) K43+700 ~ K44+060（彻底关大桥映秀岸桥头）段，利用新 G213 线，路基基本完好，仅有少量塌方需清除，工程量约 200 m^3。

(18) 彻底关大桥抢通方案

该桥上部结构为 11×30 m 装配式组合工字梁 +2×20 m 预应力混凝土空心板，跨越岷江。下部结构为双柱式桥墩，钻孔灌注桩基础。0 号为重力式 U 形桥台，11 号为钢筋混凝土肋板式桥。

图 5.129 K42+200 ~ K43+700 大型坍塌体

图 5.130 清除变电站中桥桥下落石，架设 321 钢桥保通

彻底关大桥主要震害为映秀岸1～3孔梁体被山体垮方砸断，都江堰岸1～2号墩毁坏，未毁坏的墩台上挡块破坏（图5.131）。

图5.131　地震后的彻底关大桥

结合桥区地形地貌、震害情况、地形地质条件、水文条件，提出四种方案进行比选。经过反复讨论和综合研究，推荐采用方案四，即在彻底关大桥下游约200 m处新修321临时抢通便桥，洪期过后，在原桥位恢复毁坏的桥墩，再预制架设上部结构，临时抢通便桥上部结构采用加强型3排双层321战备钢桥，跨径1×60m。桥台处直接采用型钢笼装级配卵石作为基础。汶川岸桥台周围设防冲刷导流坝，导流坝采用型钢笼装片块石。桥头引道填筑砂砾路基。桥梁限载标准为20t，单车缓慢通行（图5.132～图5.139）。

图5.132　运送抢险人员、物资的简易缆索

图5.133　制作汶川岸桥台型钢笼，拼装321钢桥

图 5.134　吊放型钢笼，填充块石

图 5.135　施工映秀岸桥台

图 5.136　施工防冲刷钢管桩

图 5.137　完工通车（1）

图 5.138　完工通车（2）

图 5.139　完工通车（3）

3）彻底关大桥—桃关隧道段

新 G213 线于彻底关跨岷江，穿彻底关、福堂坝隧道，于福堂跨岷江，穿桃关隧道。

除个别桥梁垮塌破坏外，其余桥梁、所有隧道均能满足抢通通行及保通要求。地形横坡较老路平缓，路基灾害较老路轻，利于抢通和保通。

（1）K44+442 ~ K47+290 段为彻底关隧道和福堂坝隧道，隧道完好，可利用。

（2）K47+314 ~ K47+420 段，福堂坝中桥垮塌，该桥为跨越老 G213 线而设，可按路基填筑，局部有少量塌方需清除，工程量约 2 000m^3。

（3）K47+420 ~ K49+202（桃关隧道出口）段，利用新 G213 线，段内福堂大桥、桃关沟大桥梁体移位，但尚完好，能满足通行要求。局部路段外侧挡土墙变形较大，通行时宜靠近内侧行驶。

4）桃关隧道—草坡桥段

新 G213 线桩号为 K49+180 ~ K51+700，沿岷江左岸布设，老路位于岷江右岸。新 G213 线紧接桃关隧道的桃关大桥垮塌，地形相对陡峻，路基灾害较老路严重的多，极不利于抢通和保通。

该段采用沿老路抢通的方案，对应桩号 K49+180 ~ K51+400，路线长约 2.50km（图 5.140）。

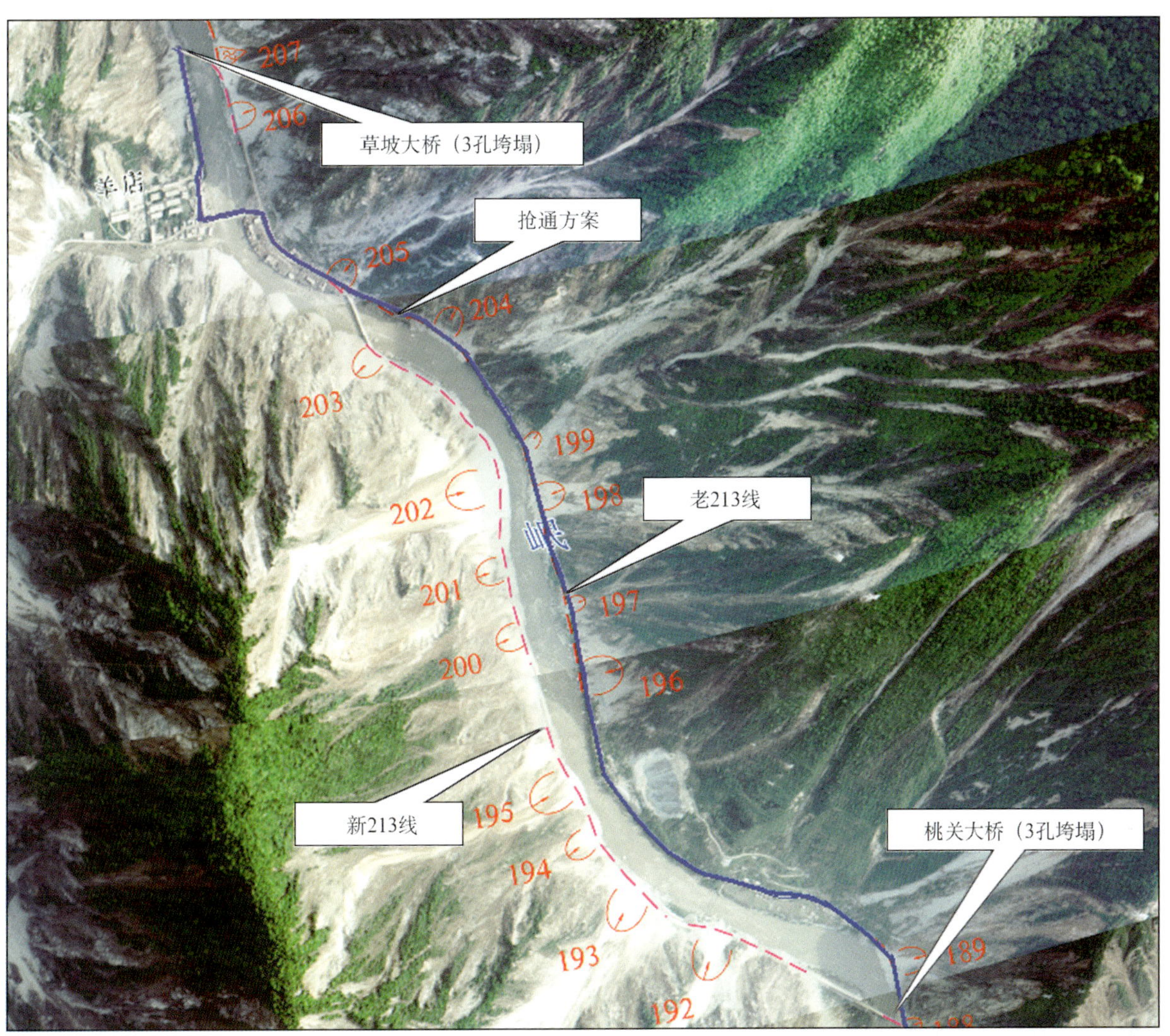

图 5.140 桃关隧道—草坡桥平面示意图（本图由抗震救灾交通保障组提供）

(1) K49+202（桃关隧道出口）~ K49+400 段，需从隧道出口打通便道与老 G213 线相接，其后沿老 G213 线按单车道局部清理，翻越崩塌体，工程量约 7.8 万立方米。桃关隧道出口附近宜加宽，以满足大型车辆转弯的需要。

(2) K49+400 ~ K50+550 段，利用老 G213 线，路基基本完好，可满足双车道通行。

(3) K50+550 ~ K51+400 段，按单车道局部清理，翻越崩塌体，并于适当位置设置错车道，工程量约 9.5 万立方米。

5.3.2 关键控制性工程

(1) 映秀岷江上游 2km 处（老虎嘴）山体滑坡形成的堰塞湖淹没公路近 2km，淹没深度达 13m 以上。堰塞湖的处治是抢通全路段的第一个控制性工程。

(2) 跨越岷江的彻底关大桥垮塌了 90m，桥墩和桥台完全毁坏，汛期无法在岷江中抢修桥墩，无法在短时间内恢复该桥的通行能力。在原桥位下游临时修建一孔 60m321 战备钢桥是抢通全路段的第二个控制性工程。

第6章 汶川西线公路

6.1 概述

“5·12”汶川大地震对汶川县及其邻近地区造成了灾难性的破坏，所有进入汶川的道路均出现了严重破坏，道路中断，救灾人员和物质进不去，受灾群众出不来。危难时刻，在抗震救灾应急指挥部的统一研究部署下，我院临危受命，于2008年5月13日晚派出探路调查小组，沿成都—雅安—宝兴—小金—马尔康—理县—汶川的西线道路进发，探查汶川灾区“生命线”通道。

西线公路（图6.1）包括：成都至雅安多营站135km（高速公路）；雅安至芦山飞仙关12km（国道318线，三级公路）；芦山飞仙关至宝兴硗碛121km（省道210线，三级公路）；宝兴硗碛—达维—小金—卓克基225km（省道210线，四级公路）；卓克基至刷马路口49km（国道317线，四级公路）；刷马路口经理县至汶川153km（国道317线，三级公路）；共长695km。

2008年5月14日，受余震影响，宝兴向达维方向约20km处巨石崩塌阻路，调查组从宝兴方向返回飞仙关沿着泸定—丹巴—小金—马尔康—理县—汶川路线调查，历时82h，行程约1 100km。

2008年5月15日，我院道桥试验研究所组成应急检测组，沿成都—雅安—宝兴—小金—马尔康—理县—汶川路线进行路基路面、桥梁、隧道应急检测，历时49h，行程约700km。

两组人员在古尔沟会合，遭遇2008年5月16日13:25发生在理县的5.9级余震，古尔沟至理县段道路中断。第二天道路抢通后，两组人员于2008年5月17日17:13到达汶川县城，顺利完成全线隧道、桥梁、道路、边坡应急交通状况的调查评估和应急检测。

本次在汶川西线全线道路、桥梁、隧道震害普查的基础上，重点进行了20座桥梁、3座隧道的调查和应急检测，并调查了沿线路基路面开裂沉陷状况以及边坡滑塌堵塞道路状况，为抢通保通汶川西线“生命线”提供第一手资料和技术依据。

主要调查结论如下：

(1) 成都经雅安、宝兴、翻越夹金山、小金、翻越梦笔山、经卓克基、米亚罗、理县到汶川的道路已全部打通。其中成都—雅安—宝兴—小金—卓克基—米亚罗段公路沿线由地震引起的次生地质灾害少，山体基本稳定，车辆通行条件好；米亚罗至古尔沟段边坡坍塌已被清除，基本可通行，但应注意观察，预防飞石；古尔沟至汶川段因地震引起崩塌、滑坡、泥石流等地质灾害分布众多、规模大，是危险路段，也是西线救灾公路抢通保通的重点路段，该段部分路段限制为单车单向通行。

(2) 沿线的桥梁除芦山北门大桥、宝兴两河口大桥、省道210线K64+500km处的两河桥、理县立新桥需进行交通管制并进行跟踪检测外，其余桥梁在抗震抢险期间可满足应急交通要求。

(3) 西线鹧鸪山隧道、大岐棚洞、杂谷脑隧道、九架棚隧道及都汶路单坎梁子隧道、草坡隧道结构完好，能够保证通行。

(4) 古尔沟—理县—汶川段，特别是高家庄超高陡边坡和古城电站、克枯电站附近的危岩边坡崩塌落石对行车安全隐患大，建议加强道路养护和安全警示人员的配备，并每隔5～10km配置一台挖掘机或推土机，随时清理滑塌体和崩落物。

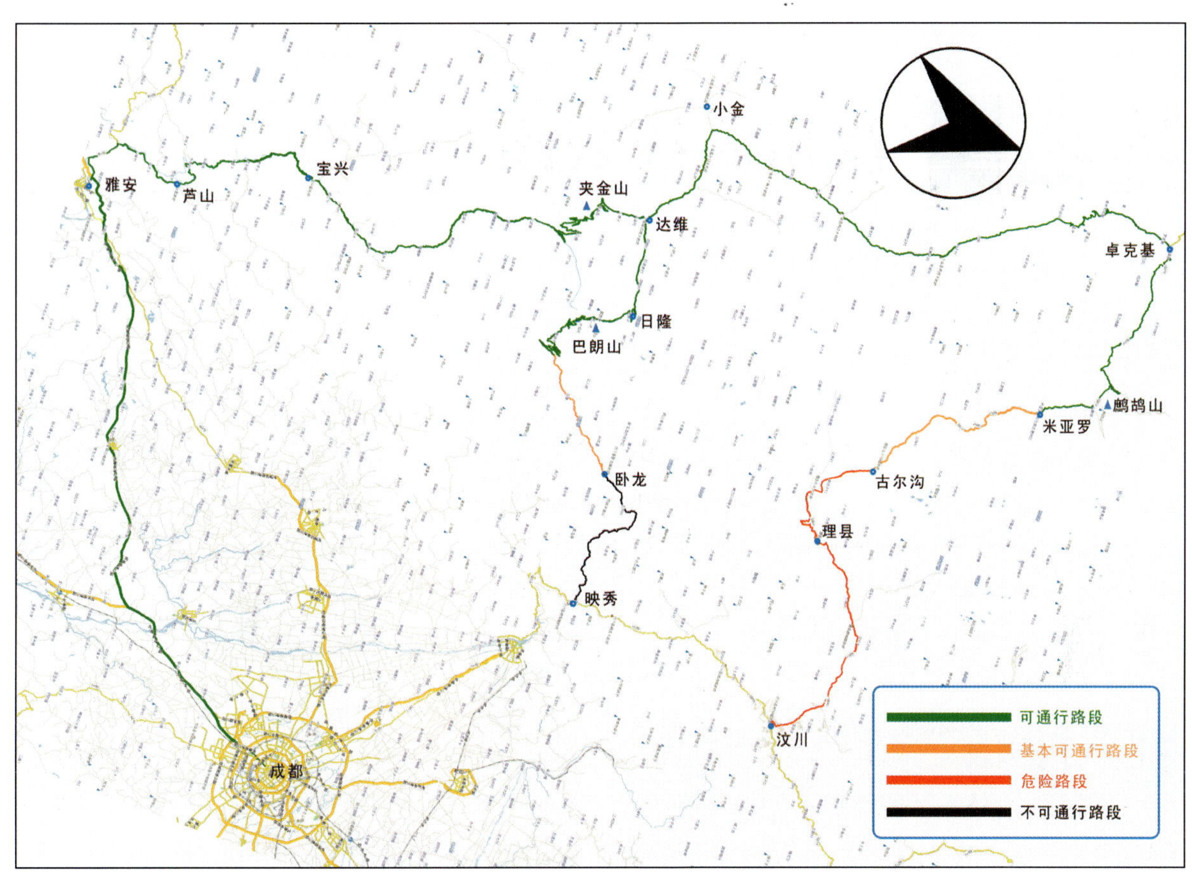

图 6.1　汶川西线公路路线及通行条件图

6.2　震害调查与应急措施

6.2.1　路基路面

路基震害主要表现为四种形式：第一种形式为临河或路基外侧临空路段，半幅路基下沉、开裂，主要集中表现在夹金山上下山路段；第二种形式为地震导致地基液化、路基下沉；第三种形式表现为地震分支断裂导致路基错动变形，路面开裂、局部隆起；第四种表现形式为崩塌巨石砸坏路基路面，导致路面开裂形成坑槽。

对于上述震害路段，尤其是第一种路基震害路段，应派专人进行路基变形观察，救灾车辆应尽量走目前较为稳定的内侧半幅路基，谨慎通行。

1）成都—雅安—小金—卓克基—理县古尔沟段

宝兴—夹金山段 K258+600 处，该段路基外侧临河，路基下边坡高度约 12m，坡比约 1∶1，路基下方有机耕道通行。目前，临河侧半幅路基弧形开裂并下沉，路面下沉最大约 5cm，滑坡目前暂时稳定，抗震救灾车辆可以靠内侧半幅通行。该段道路暂时可以满足应急交通的要求，但应派专人对滑坡变形情况进行监测，如果变形加剧，可以考虑反压护道等应急措施确保应急交通的要求（图 6.2）。

2008 年 5 月 14 日下午，调查组到达宝兴北约 20km 处，受地震影响发生约 4 000m^3 巨石崩塌体将省道 210 线整体阻断，当地交通部门正在进行爆破清除作业，并于 2008 年 5 月 15 日凌晨抢通道路，但只能单向行驶（图 6.3 ～图 6.6）。

2）古尔沟—理县段

本段震害形式主要表现为危岩崩塌和溜坍落石，主要分布于古尔沟上游约7km至古尔沟下游约10km的红叶电站以及朴头乡至理县县城段。两段公路内侧高陡岩质边坡受地震及余震影响，风吹、降雨常发生崩塌落石，严重威胁行车安全。

古尔沟下游约10km红叶一级电站公路内侧高约80m的高陡边坡，在调查过程中，发生崩塌、落石、塌方，并将公路掩埋，阻断通行，对调查组成员安全造成威胁（图6.7）。

图6.2　省道210线K258+600临河侧半幅路面塌陷、弧形开裂

朴头乡至理县间的高家庄超高边坡高度超过100m，坡度几乎直立，为变质砂岩、板岩，节理、裂隙非常发育，受余震影响，常发生危岩滚落、飞石（图6.8）。由于边坡高、坡度陡，处于不稳定状态，对行车安全威胁极大，调查组往返该路段时，均由于崩塌导致中断交通2～3h，该段是西线进入汶川的“咽喉路段”（图6.9、图6.10）。

图6.3　省道210线K258+600外侧半幅路面纵向开裂下沉

图6.4　宝兴北约20km处巨石崩塌阻断道路

图6.5　宝兴北约20km处初步抢通后的道路

图6.6　硗碛大桥下的泥石流

图 6.7 红叶一级电站附近正在抢通的滑坡路段

图 6.8 朴头乡至高家庄间滑塌路段通行状况

图 6.9 高家庄超高边坡路段通行状况

图 6.10 调查组通过高家庄滑塌高边坡

3）理县—汶川段

崩塌落石是本段的主要震害，集中分布在理县至汶川及汶川城郊约 10km 地段，但理县至汶川县界碑处，高边坡路段长、稳定性差、崩塌落石威胁大，是理县至汶川路段威胁最大的一处震害，时常由于落石掩埋公路造成中断交通。调查组往返该路段均遭遇交通堵塞，滞留该路段 1h 以上（图 6.11 ~图 6.20）。

图 6.11 甘堡至小岐村间边坡落石正在清理中

图 6.12 小岐村边坡崩塌覆盖路基

图 6.13　薛城镇附近滑坡正在清理中

图 6.14　理县与汶川两县县界处高边坡飞石

图 6.15　理县与汶川两县县界处高边坡滑塌

图 6.16　上木寨乡刚抢通的滑坡路段

图 6.17　克枯乡刚抢通的滑坡路段

图 6.18　大门村附近边坡落石砸坏的车辆

图 6.19　木卡乡附近滑坡损坏的通讯设施

图 6.20　刚抢通的滑坡段

6.2.2 桥梁

西线公路重点调查和检测了20座桥梁，其中小金县两河桥、理县立新桥、团结桥和危关下桥等4座桥梁受地震影响明显，建议有条件通行；其余桥梁主体结构地震产生的震害不明显，可以满足抗震救灾车队应急通行的要求（表6.1）。

桥梁主要检测信息表 表6.1

编号	桩号	桥名	结构形式	桥梁附照	结构现状	处置建议
1	省道210线 K327+600	东门大桥	两跨石拱桥		主体结构无明显震害	禁止超载通行
2	省道210线 K326+300	北门大桥	斜腿刚构桥		主体结构无明显震害	震前检测评为四级，建议车辆限速20km/h通行
3	省道210线 K286+000	两河口大桥	6跨简支T梁桥		主梁开裂，有桥墩冲刷和加固痕迹	震前检测评为五级，建议车辆间距20m以上并限速20km/h通行
4	省道210线 K267+800		3跨简支梁桥		主体结构无明显震害	禁止超载通行
5	省道210线 K236+800	硗碛大桥	2跨石拱桥		主体结构无明显震害	禁止超载通行
6	省道210线 K232+000		2跨简支梁桥		桥墩有冲刷，桥头两侧桥面不平顺	禁止超载通行
7	省道210线 K64+500	两河桥	拱桥		小金岸下游侧拱脚开裂，腹拱拱顶上游侧面竖向开裂	建议车辆间距30m以上限速20km/h通行
8	省道210线 K45+100	砖瓦厂桥	石拱桥		拱圈表层砂浆剥落	禁止超载通行
9	国道317线 K295+400	三家寨大桥	5跨简支梁桥		主体结构无明显震害	禁止超载通行
10	国道317线 K294+500		2跨简支梁桥		主体结构无明显震害	禁止超载通行
11	国道317线 K293+500		3跨简支梁桥		主体结构无明显震害	禁止超载通行
12	国道317线 K245+700	杂谷脑大桥	5跨简支梁桥		主体结构无明显震害	禁止超载通行
13	国道317线 K200+200	立新桥	石拱桥		边腹拱拱顶竖向开裂，边腹拱拱脚竖向开裂，对应桥面水平开裂	建议车辆间距40m以上并限速20km/h通行

续上表

编号	桩号	桥名	结构形式	桥梁附照	结构现状	处置建议
14	国道317线 K198+200	团结桥	石拱桥		栏杆及桥面有贯穿开裂	禁止超载通行
15	国道317线 K195+400	危关上桥	拱桥		主体结构无明显震害	禁止超载通行
16	国道317线 K194+900	危关下桥	拱桥		栏杆有开裂	禁止超载通行
17	国道317线 K190+200	甘堡洪水沟大坝桥	简支梁桥		主体结构无明显震害	禁止超载通行
18	国道317线 K168+700	甘溪沟桥	2跨石拱桥		桥面铺装在栏杆位置有碎裂	禁止超载通行
19	国道317线 K158+500	古城桥	拱桥		主体结构无明显震害	禁止超载通行
20	汶川县城内	汶川大桥	4跨简支梁桥		主体结构无明显震害	禁止超载通行

(1) 省道210线芦山北门大桥

本桥震前检测评定为四类，本次受汶川大地震影响不明显，应急车辆可以限速20km/h通行。

(2) 宝兴两河口大桥

本桥震前检测评定为五类，本次受汶川大地震影响不明显，应急车辆间距20m以上并限速20km/h通行。

(3) 省道210线K64+500两河桥

小金县两河桥为混凝土拱桥，桥面为双车道（图6.21）。本桥震前检测评定为五类，震后小金岸腹拱顶部混凝土碎裂，小金岸下游侧拱脚开裂，腹拱拱顶上游侧面竖向开裂，应急车辆间距30m以上限速20km/h通行（图6.22）。

图6.21 两河桥全景图

图6.22 两河桥小金岸边腹拱上游侧竖向裂缝图

（4）国道 317 线 K200+200 立新桥

立新桥位于理县县城出口，为一跨石拱桥，两侧各有 3 个腹拱，双车道。通过现场检测，汶川岸边腹拱拱顶竖向开裂，主拱拱背侧墙开裂，边腹拱拱脚竖向开裂，对应桥面位置水平开裂，建议不超载前提下，间距 40m 以上限速 20km/h 应急通行（图 6.23 ～图 6.27）。

图 6.23　立新桥全景图

图 6.24　立新桥桥面龟裂图

图 6.25　立新桥桥面横向开裂图

图 6.26　立新桥汶川岸边腹拱竖向开裂图

图 6.27　立新桥上游侧主拱拱背侧墙开裂图

（5）国道 317 线 K198+200 团结桥

团结桥位于理县段，为单孔石拱桥，双车道（图 6.28）。经现场检测，栏杆及桥面有贯穿开裂，桥梁主体结构受地震影响不明显，严禁超载通行（图 6.29 ～图 6.31）。

图 6.28 团结桥全景图

图 6.29 团结桥栏杆破损图

图 6.30 团结桥栏杆竖向开裂图

图 6.31 团结桥桥面横向开裂图

(6) 国道 317 线 K194+900 危关下桥

危关下桥位于理县段，为单孔石拱桥，双车道（图 6.32）。经现场检测，桥面和桥梁栏杆开裂，桥梁主体结构受地震影响轻微，建议不超载应急通行（图 6.33 ~图 6.35）。

图 6.32 危关下桥全景图

图 6.33 危关下桥栏杆破损图

图 6.34 危关下桥栏杆开裂图

图 6.35 危关下桥桥面路沿石开裂图

第 7 章　省道 303 线映秀—日隆公路

7.1　概述

“5·12”汶川地震发生后，映秀、汶川、耿达、卧龙等成为与外界失去联系的孤岛，为尽快探明本项目的损毁程度并考察映秀至卧龙抢通的可行性，我院先后 5 次派出勘测组深入现场，分别沿映秀至卧龙、小金至卧龙、三江至耿达、三江至卧龙等方向进行实地调查，为本路的抢通和恢复重建提供有力的技术支持（图 7.1）。

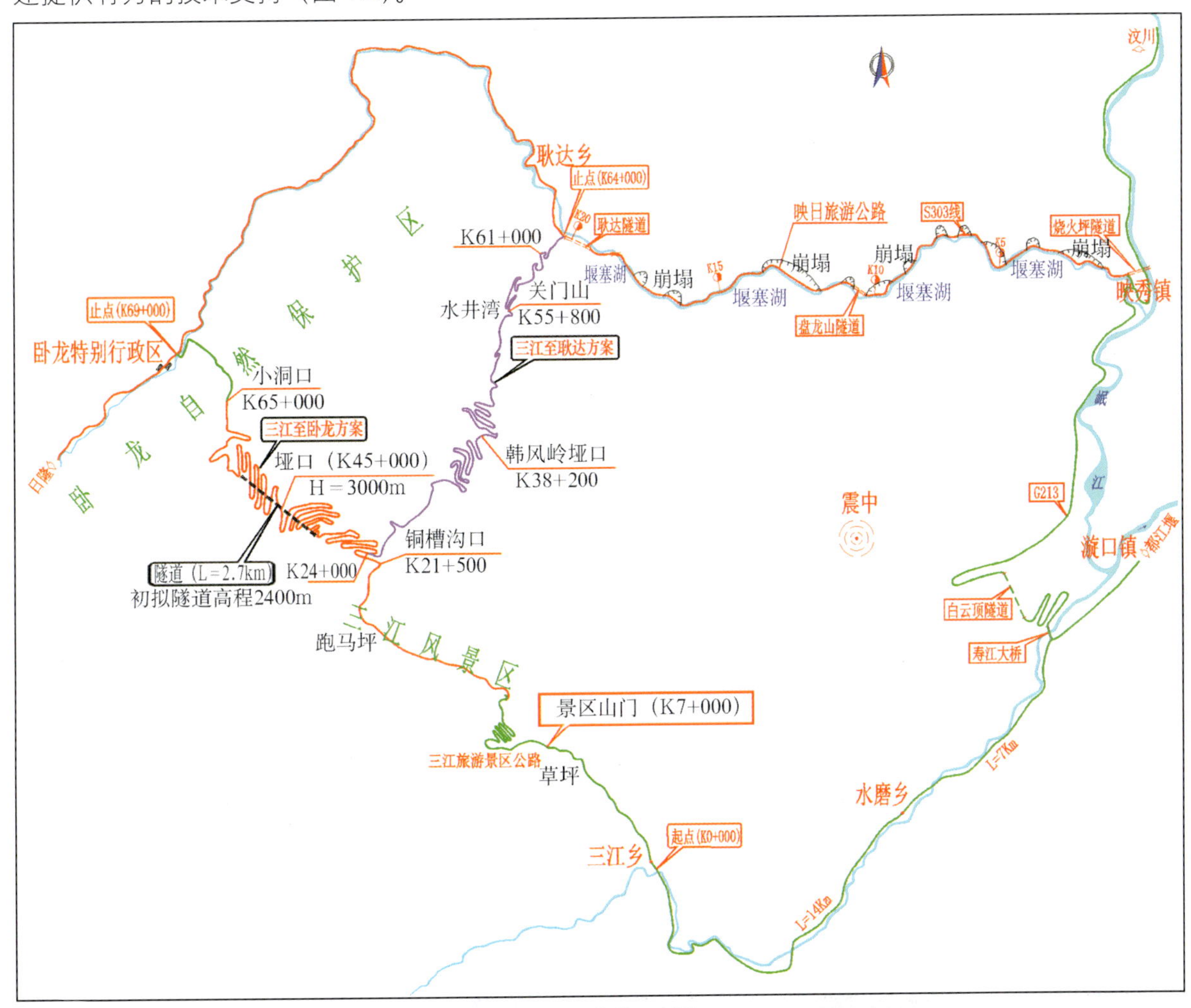

图 7.1　路线示意图

省道 303 线为一条横贯东西的重要干线公路，连接映秀、卧龙、日隆（四姑娘山），分别在达维和丹巴与省道 210 和省道 211 相接。省道 303 线映秀至日隆公路全长 147km，于 2006 年开始在原路的基础上按二级公路标准进行改建，实现“打造中国式黄石公园旅游公路，建设自驾车旅游者乐园”

的建设目标。震前映秀至卧龙段已完成路面铺筑，卧龙至日隆段则已完成路基及部分路面施工（图7.2～图7.4）。

图 7.2 震前的 渔子溪 1 号新、旧桥

图 7.3 震前优美的自然环境

图 7.4 震前原路：坡面苍翠欲滴

本路随与震中映秀远近而表现出明显不同的损毁程度，映秀至卧龙段距震中较近，损毁严重，尤其以映秀至耿达段为甚，应急抢通困难，而卧龙至日隆路段损毁则相对较轻，目前已基本抢通。

7.2 震害调查

本路映秀至耿达段距离震中仅 7km，该段 80%左右的道路被严重掩埋或损毁，原路基本无法利用；耿达至日隆段 K36～K38 段受损较重，其余路段相对较轻，通过清方、加固等处治措施，可基本恢复原路功能。

7.2.1 路基路面

本路边坡及路基路面震害主要表现为：山坡坡体崩塌、落石，泥石流；路基水毁，路堤沉陷，路面纵、横向开裂，挡防及排水工程破坏等。

1）山坡坡体崩塌落石

崩塌落石给本路造成严重的毁坏。映秀至耿达段大部分路段被自坡脚至坡顶崩塌下来的土石掩埋，重叠的巨块石崩塌体高约 40～100m，部分崩塌体落入河中阻塞河道，抬高水位或形成堰塞湖；上方山体坡面高达数百米，基本裸露，岩体破碎，堆积体多为巨型块石，夹杂部分碎块石土(图7.5～图7.16)。

图 7.5 K2+000 段阻塞河道的堆积体被水流重新切割开

图 7.6 K12+800 段两岸崩塌体严重挤压河道

图 7.7 K6+800 ~ K7+100 段路基被掩埋，埋体高达 50m，仅部分挡墙出露

图 7.8 K17+400 段被掩埋的路基

图 7.9 K13+200 大阴沟段路基和桥梁被掩埋，行驶的车辆被砸坏

图 7.10 K9+900 段被掩埋的路基及压缩的河道

图 7.11 K17+900 段路基被巨块石和松散堆积体掩埋

图 7.12 盘龙山隧道出口高达 70 余米的崩塌体

图 7.13　K3+700 ~ K4+400 段被巨型块石压缩的河道

图 7.14　K3+700 ~ K4+400 段道路被埋至 30m 以下

图 7.15　K9+000 樱花村处的落石和水淹的道路

图 7.16　沿线随处可见的落石

2）泥石流

坡面崩塌的松散堆积物在雨水等的作用下，形成泥石流，进一步冲毁及掩埋道路（图 7.17、图 7.18）。

图 7.17　K2+400 处坡面泥石流

图 7.18　K28+000 处泥石流掩埋路基

3）水毁

全路段水毁主要有两段：K16+350 ~ K16+450、K18+100 ~ K18+300，主要由于山体巨石砸损路基，对岸崩塌堆积体挤压河道持续冲蚀路基所致（图 7.19 ~ 图 7.22）。

图 7.19　K16+350 ~ K16+450 段水毁路基，局部可见残余路面面板

图 7.20　K16+350 ~ K16+450 段对岸崩塌体压缩河道，抬高水位，毁坏道路

图 7.21　K18+100 ~ K18+300 段临河挡墙已损毁

图 7.22　K18+100 ~ K18+300 段悬空的路基

水毁淹没路基主要有三段：K4+400 ~ K4+900、K8+850 ~ K9+150、K13+600 ~ K16+200，其中 K8+850 ~ K9+150 段为对岸崩塌堆积体压缩河道，抬高水位，改变水流方向所致。其余两段为两岸崩塌堆积体堵塞河道形成小型堰塞湖，水位已漫过堰塞体，路基整体淹没；尤其 K13+600 ~ K16+200 路段堰塞湖面之上为高达百米的悬崖陡壁，陡壁上山体尚有大量不稳定的滑坡堆积体，行人不能通过，只能翻山绕行（图 7.23 ~图 7.28）。

图 7.23　K13+600 ~ K16+200 段堰塞湖，山体被“剥皮”，绝壁高达百米

图 7.24　艰难绕行 K13+600 ~ K16+200 段堰塞湖陡壁上的泥石流坡

图 7.25　K13+600 ~ K16+200 段堰塞湖缺口

图 7.26　K4+400 ~ K4+900 段堰塞湖，深约 20m

图 7.27　K8+850 ~ K9+150 段水淹道路

图 7.28　K3+600 段崩塌体阻塞河道，抬高水位

4）路基路面纵、横向开裂及路堤沉陷

在地震作用下，路基产生沉陷，导致路面沉降错台，纵、横向开裂，路肩部分脱空，局部路面被落石毁坏（图 7.29 ~图 7.32）。

图 7.29　K89+240 ~ K89+300 段路基沉降开裂

图 7.30　K43+500 段已纵向分离的路基

图 7.31 K60+500 段被飞石砸坏的路面

图 7.32 贝母坪段路肩脱空

5）挡防及排水工程破坏

挡墙外倾、侧移、墙面鼓胀、横向剪切破坏、推挤变形；主动网、铁丝网垮塌，已绿化边坡开裂、滑移（图 7.33 ～图 7.36）。

图 7.33 K83+500 段横向开裂的挡墙

图 7.34 K85+200 段地基下沉，挡墙基础脱空

图 7.35 K78+800 段挡墙外倾导致路基沉降开裂

图 7.36 K79+500 段坡面坍塌撕裂主动防护网

7.2.2 桥涵

映秀至双桥沟段桥梁共 35 座，桥梁结构类型为现浇连续箱梁 4 座，钢筋混凝土空心板桥 31 座，主体工程基本完成。根据沿线调查，全线桥梁完全损坏 2 座，被山体塌方完全掩埋 2 座，局部受损可修复加固 21 座，主体结构基本完好的桥梁有 10 座。K10+973.80 渔子溪 1 号桥前 4 孔被山体崩塌

砸毁掩埋，剩余3孔上部空心板横向位移较大，部分空心板受损，盖梁挡块完全破坏；K11+481.50渔子溪2号桥连续梁整体倾覆，桥墩被剪断，桥台被大量巨石掩埋；K30+025龙潭电站中桥山体塌方毁坏1孔；K70+072巴朗河中桥被下游右方的崩塌体堵塞河道，虽经多次抢险疏通，现仍呈漫水桥状态。其余受损桥梁主要表现为桥梁梁体产生裂纹、桥台及桥墩防震挡块开裂、桥梁梁体位移、梁底支座损坏、护栏局部受损、老桥拱圈与护拱结合部开裂、锥坡护面拉裂等。

1）桥梁倾覆垮塌（图7.37、图7.38）

图7.37　位于S形弯道上的渔子溪2号桥，现浇连续梁，巨石砸断桥墩，桥梁整体倾覆垮塌

图7.38　渔子溪2号桥，完好的桥面，已成为拦水坝

2）山体崩塌毁坏和掩埋桥梁（图7.39～图7.44）

图7.39　渔子溪1号桥，简支板桥，映秀岸4孔桥梁被崩塌掩埋

图7.40　渔子溪1号桥，残余3孔现状

图7.41　龙潭电站中桥山体塌方毁坏1孔

图7.42　龙潭电站中桥毁坏1孔已成填方路基

3）桥下河道堵塞（图 7.43 ~图 7.44）

图 7.43　巴朗河中桥崩塌体堵塞河道形成漫水桥

图 7.44　抢险车辆通过巴朗河中桥

4）桥台及桥墩挡块开裂、梁体位移（图 7.45 ~图 7.50）

图 7.45　幸福沟中桥桥台挡块开裂

图 7.46　渔子溪 4 号桥桥墩挡块开裂

图 7.47　三圣沟中桥桥墩挡块开裂

图 7.48　九米中桥梁体移位达 20cm

图 7.49　九米中桥支座脱落

图 7.50　渔子溪 6 号桥梁体移位

5）飞石砸坏护栏及桥面系（图 7.51 ～图 7.54）

图 7.51　渔子溪 3 号桥悬臂被飞石砸坏

图 7.52　龙潭中桥空心板顶板被飞石砸坏，空洞直径达 20cm

图 7.53　渔子溪 6 号桥护栏局部受损

图 7.54　巴朗河中桥护栏移位

6）老桥拱圈与护拱结合部开裂（图 7.55、图 7.56）

图 7.55　银厂沟中桥现状

图 7.56　银厂沟中桥护拱开裂

7）涵洞盖板损坏和洞身拉裂

涵洞受损主要表现为：涵洞整体掩埋，涵洞洞身拉裂，落石砸毁涵洞盖板；涵洞洞口附属工程震裂或砸坏等，如洞口八字墙开裂、跌井被飞石砸坏、帽石震裂、急流槽断裂、浆砌沟渠拉裂等（图 7.57 ～图 7.62）。

图 7.57　被飞石砸坏的涵洞盖板

图 7.58　盖板损坏钢筋出露

图 7.59　圆管涵管节脱开，填料泄漏

图 7.60　盖板涵洞身开裂

图 7.61　洞口帽石开裂

图 7.62　洞口八字墙损毁

7.2.3　隧道

本路全线共有盘龙山、耿达、花岩子等 3 座隧道，主体结构基本完工。

盘龙山隧道洞内主体结构较好，未见垮塌，洞门局部被巨石砸损；耿达隧道洞内主体结构较好，映秀端明洞洞顶被砸坏；花岩子隧道受地震影响较小，主体结构较完好（图 7.63 ～图 7.65）。

图 7.63 盘龙山隧道进口被落石砸坏

图 7.64 耿达隧道进口明洞被落石砸穿

图 7.65 盘龙山隧道出口部分被掩埋

7.3 抢通方案

7.3.1 沿原走廊抢通方案

根据受损程度，对映秀至耿达和耿达至日隆采用不同的抢通方案。其中耿达至卧龙段受损相对较轻，以沿原路清方为主，个别崩塌体较大路段可适当偏离原路以单车道便道的形式通过，对临河侧多以铅丝石笼进行冲刷防护。对受损非常严重的映秀至耿达段，抢通也以沿崩塌体修筑单车道便道的方式通过。至于堰塞湖路段，则应首先处理堰塞湖，降低水位，因本段受余震和雨季到来的影响，次生的地质灾害随时都在发生，抢通异常困难，对已抢通道路的保通难度也非常大。建议首先抢通耿达至日隆段，实现耿达、卧龙与西线公路的畅通。

7.3.2 三江—卧龙、三江—耿达方案

由于沿原走廊抢通映秀至耿达段异常艰巨，我院在进行映日公路原走廊道路现状调查的同时，对三江至耿达和三江至卧龙另辟通道的可能性进行调查研究。方案一为三江经铜槽沟翻越牛头山垭口至卧龙新建路线方案（图 7.66）；方案二为三江经铜槽沟翻越韩风岭经七层楼沟至耿达新建路线方案（图 7.67）。

三江至卧龙方案接映日路（S303 线），路线总里程约 69.0km。其中三江至铜槽沟口路段长 21km，有 4 处较大规模的崩塌体整治难度较大，其余路段难度相对较小；铜槽沟口至垭口路段长

24km，海拔高程 2 300 ~ 2 800m，地面横坡较陡，山体稳定性较差，路线布设有难度；垭口至止点路段长 24km，有 3 处较大规模的崩塌体或泥石流整治难度较大，接近小洞口附近的沟谷较狭窄，线路布设较为困难。若按便道形式施工，该走廊有打通的可能，抢通时间约需 2 ~ 3 个月。

图 7.66　牛头山垭口东南坡地形

图 7.67　韩风岭垭口东南坡地形

三江至耿达方案接映日路（S303 线）耿达隧道出口，路线总里程约 64.0km。其中沿中河及其支沟和七层楼沟新建路段长约 50km，除沿途沟谷宽缓地段外，其余段布设路线均较困难，尤其以地形陡峻的燕子岩至流沙坡及韩风岭为甚，总体工程规模较大，不良地质路段及高边坡治理长度达 12.0km 以上，施工风险极大（图 7.68、图 7.69）。

图 7.68　关门山峡谷宽仅 10 余米，路线布设困难

图 7.69　涉水跨河

根据三江至卧龙、三江至耿达方案调查研究，新线方案具有工程艰巨、工期较长、穿越大熊猫栖息核心部位等缺点。同时，省道 303 线映秀至耿达段在路网上具有难以替代的作用，恢复重建十分必要。经充分比选研究，最终选定沿省道 303 线重建映秀至耿达段。

第8章 汶川县漩口（寿江桥）—水磨—三江公路

8.1 概述

寿江桥经水磨至三江二级公路是连接 G213 和汶川三江镇的唯一通道，三江也是"5·12"汶川 8.0 级特大地震后部分民众步行进出耿达和卧龙的必经之路，全长约 22km（图 8.1）。

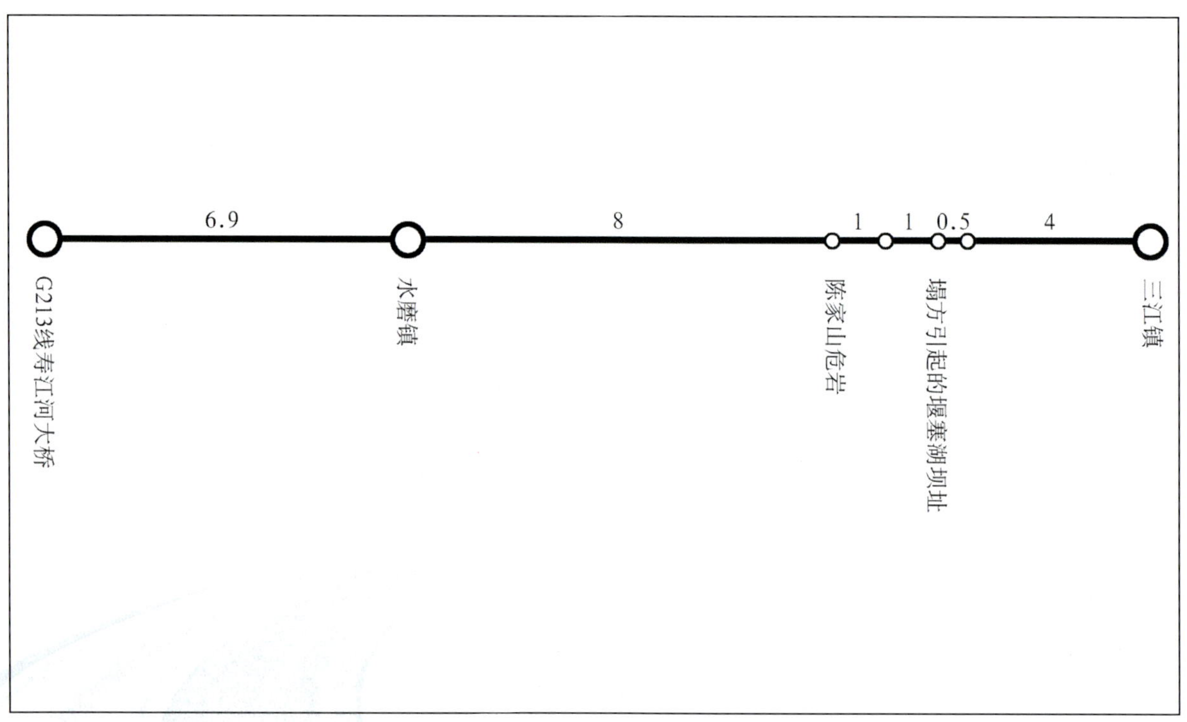

图 8.1 寿江桥—水磨—三江调查路线示意图（尺寸单位：km）

8.2 震害调查及抢通应急措施

8.2.1 路基、涵洞

1）K0+300、K0+600、K1+400 段

K0+300、K0+600、K1+400 段路基左侧上边坡分布有小型滑坡，方量均在 1 000m^3 以下，调查期尚留单车道通行。滑坡进行清方处理，其中 K1+400 处边坡上方有崩塌危岩，需设置两级被动防护网，并要求车辆限速观察通行。

2）K1+530 ~ 650 段

左侧边坡原设有框架梁挂网喷浆处治，震后除边坡局部有渗水外，目测外观良好，但两侧端头均有零星滑坡，清方处理即可，车辆限速观察通行（图 8.2、图 8.3）。

图 8.2 K1+530 ~ K1+650 段锚杆框架梁基本完好、仅端头有塌方

图 8.3 水磨附近原有路堑墙显示出较强抗震能力

3）K3+130 滑坡

左侧边坡滑坡，其中侵线部分土石方量约有 3 000 ~ 4 000m³，右侧填方边坡原设有的混凝土路肩墙完好无损，路基基本稳定。采取清方后限速观察通行。

4）K4+340、K4+500 崩塌

左侧上边坡均有小型崩塌，崩塌体中间夹巨石，堵塞道路影响通行。为避免扰动坡体，采取放小炮予以清除。

5）K4+700 ～ K5+000（郭家坝场镇段）

路面开裂严重，需作灌浆处理并封闭裂缝，以免暴雨灌入引起二次破坏。其中 K5+000 处有明涵一座，顶板拱起开裂，目前尚可限载通行，灾后重建时做换板处理。

6）K5+700、K6+100

左侧上边坡均有小型崩塌，崩塌体中间夹巨石，堵塞道路影响通行，采取放小炮予以清除。

7）K8+500

左侧边坡崩塌，长度约有 70m，形成崩塌体后边坡高度达 30m。塌方后公路仅余单车道勉强通行，崩塌中间夹巨石，堵塞道路影响通行，采取放小炮予以清除。

8）K8+900 ～ K9+200 段

左侧山体大型崩塌，长约 300m。其中有 100m 长崩塌体堆积厚度较大，坡高约 60m，初估方量为 5 万立方米，由四川路桥组织抢通。清方抢通后，可于上边坡设 3 ～ 4 级被动防护网以策安全，并限速观察通行（图 8.4）。

另外，公路右侧下边坡位于河道顶冲岸，暴雨后存在水毁的可能，为保证公路临时安全，以堆石或铅丝石笼作护岸处理。

图 8.4 K8+900 ~ K9+200 段崩塌体

9）K9+800 ～ K10（黑土坡水电站对岸）

左侧山体大型崩塌，长约 200m。其中有 100m 长崩塌体目测堆积厚度较厚，堆高约 50m，初估方量为 3 万～ 5 万立方米，由当地政府组织抢通。公路上方基岩基本完整，若无大的余震，坡体较稳定、安全。但边坡表层覆土和小块飞石不断零星飞落，在清方抢通后须对上边坡设 3 ～ 4 级被动防护网以策安全，并限速观察通行。

同样，公路右侧下边坡位于河道顶冲岸，暴雨后存在水毁的可能，采用堆石或铅丝石笼作护岸处理。

10）黑土坡～陈家山段（长约 2km 路段）

破坏情况较小，现单车道已能通行，左侧边坡偶见零星塌方，方量均小，清方后即可通行（图 8.5）。

11）陈家山危岩（推测里程桩号为 K14 ～ K15 左右）

陈家山危岩距水磨镇 8km、距三江镇约 6km，位于水磨—三江公路的咽喉处。公路左侧山体崩塌，形成数处约 5 000 ～ 8 000m^3 的岩堆体，其中局部塌方区上部山体有明显裂缝，呈陡倾角高悬于路基上方，形成高 30 ～ 50m 不等的危岩，对清方抢通后的公路形成威胁。崩塌堆积体压缩河道，公路外侧河道宽仅约 30 ～ 50m。

抢通措施采用小型爆破对危岩进行逐次清理，再以机械推平。爆破时严格控制爆破药量及规模，避免垮塌的土石方倾入河道形成堰塞。

由于陈家山危岩的阻断，该路段至三江镇的公路短时间内无法现场调查公路损毁详细状况（图 8.6）。抢通期间人行翻山进入三江镇的道路亦不得不绕行。经询问调查，陈家山危岩之后约 2km 范围内公路均受较大规模的山体崩塌覆盖，仅有零星段落尚可见路基概貌。其中距陈家山 1km 有一大型塌方体；2km 处有一因山体崩塌阻断河流形成的堰塞湖，淹没公路长超过 500m，深 2m 左右（从路上停留的乡际客运班车车顶露出水面判断）；自堰塞湖淹没段上行 3.5km 可达三江镇，此 3.5km 公路损毁状况不严重，仅需机械清方即可通行（图 8.7）。

8.2.2 桥梁损毁情况

沿线调查的桥梁共有 7 座，比较有代表性的桥梁有：2 × 16m 钢筋混凝土空心板桥（K1+500）、1 × 13m 钢筋混凝土空心板桥（K3+140）、郭家坝 1 × 15m 双曲拱桥（K5+300，后期曾进行拱圈加固）（图 8.8）、水磨桥（K7+100）等桥梁，均受损轻微，无严重影响通行的破坏。但本路段桥梁修建年限已久，荷载等级低，需限载通行。

图 8.5 黑土坡塌方

图 8.6 陈家山危岩

图 8.7 疏通堰塞湖

图 8.8 郭家坝双曲拱桥，曾加固处理，破坏较轻

第 9 章 汶川北线公路

9.1 概述

由都江堰进入汶川县城的南线道路无法通行，抢险救援人员和物资主要沿西线道路从雅安—马尔康—理县进入汶川。为了查明经由川主寺—松潘—茂县进入汶川的北线公路的通行情况，2008 年 6 月 1 日至 6 月 17 日，我院派出技术骨干 12 人沿国道 213 线汶川至川主寺、省道 301 线九寨沟至川甘界（包括川九路）、省道 205 线九寨沟双河至江油、县道 120 平武至松潘（阿坝境内）等线，对汶川北线道路进行了路基路面、桥梁、隧道的调查和检测，共计超过 500km，历时 17d。

经调查，国道 213 线松潘县川主寺至太平镇震害较轻，道路基本畅通；松潘太平镇至茂县回龙震害较重，抢通后可以应急通行；茂县回龙至汶川段震害严重，不少路段只能临时便道单向应急通行，如遇强降雨或余震，随时都会因边坡塌方造成交通中断；省道 301 线九寨沟青龙桥至川主寺段的震害较轻，道路基本畅通，其中川九路几乎没有震害；省道 205 线九寨沟双河至江油黄土梁段震害较轻，道路基本畅通。

9.2 震害调查

9.2.1 国道 213 线汶川—茂县—川主寺段

国道 213 线汶川至川主寺段全长 203.143km，是进入阿坝州的主要通道，也是通往世界级风景名胜区九寨沟、黄龙的重要路段，道路技术标准为山岭重丘区二级。本段调查检测了桥梁 35 座，并对全线路基路面震害进行了调查。调查发现，松潘县川主寺（K664）至太平镇（K754）段离震中汶川较远，震害较轻，道路基本畅通；松潘太平镇（K754）至茂县回龙（K800）段离震中汶川较近，震害较重，抢通后道路可以通行；茂县回龙（K800）至汶川（K868）段位于震中汶川中心区域，震害严重，不少路段已采用临时便道单向通行，如遇强降雨或余震，随时都会因边坡塌方造成交通中断。

1）路基路面

国道 G213 线汶川至川主寺段主要的路基路面震害有：路基变形，边坡崩塌、落石、坍塌及滑坡，挡土墙、排水沟、护面墙及护栏损害等。

（1）路基变形

K835+700 ~ K835+800 右侧路基沉降，路面开裂；K854+500 ~ K854+600 右侧路基沉降，路面开裂，破坏原路护肩（图 9.1、图 9.2）。

图 9.1 K835+700 ~ K835+800 右侧路基沉降，路面开裂

（2）边坡崩塌

K773+900 ～ K774+400 左侧路堑边坡崩塌，清理后应急通行；K787+000 ～ K787+600 左侧路堑边坡崩塌，清理后应急通行（图 9.3、图 9.4）。

（3）滑坡

K827+400 ～ K827+800 右侧山体整体下滑，掩埋原道路，采用临时便道应急通行；K857+750 ～ K857+900 左侧山体整体下滑，掩埋原道路，采用临时便道通行（图 9.5、图 9.6）。

图 9.2　K854+500 ～ K854+600 右侧路基沉降，路面开裂，破坏原路护肩

图 9.3　K773+900 ～ K774+400 左侧路堑边坡崩塌，清理后应急通行

图 9.4　K787+000 ～ K787+600 左侧路堑边坡崩塌，清理后应急通行

图 9.5　K827+400 ～ K827+800 右侧山体整体下滑，掩埋原道路，采用临时便道应急通行

图 9.6　K857+750 ～ K857+900 左侧山体整体下滑，掩埋原道路，采用临时便道通行

（4）落石

K862+650 ~ K862+700 左侧边坡巨石砸坏路面（图 9.7）。

（5）挡墙垮塌

K859+900 ~ K860+000 右侧挡墙垮塌、路基沉降，路面开裂（图 9.8）。

图 9.7　K862+650 ~ K862+700 左侧边坡巨石砸坏路面

图 9.8　K859+900 ~ K860+000 右侧挡墙垮塌、路基沉降，路面开裂

2）桥梁

全段 35 座桥梁以拱桥居多，其中板拱桥 16 座，板梁桥 7 座，T 形梁桥 1 座，肋拱桥 1 座，双曲拱 6 座，桁架拱 4 座，各类拱桥共占 97%。总体而言，全段桥梁受地震影响相对较小，造成较明显震害的主要有三座：K669+631 高屯子桥、K839+759 斗簇桥和 K841+689 羊毛坪大桥。

（1）K669+631 高屯子桥

桥面宽 8m，为 1×6m 圬工板拱桥，桥梁全长 17.61m，重力式桥台。

该桥上部结构为素混凝土圬工拱桥，拱腹拱顶位置横向开裂（图 9.9）。

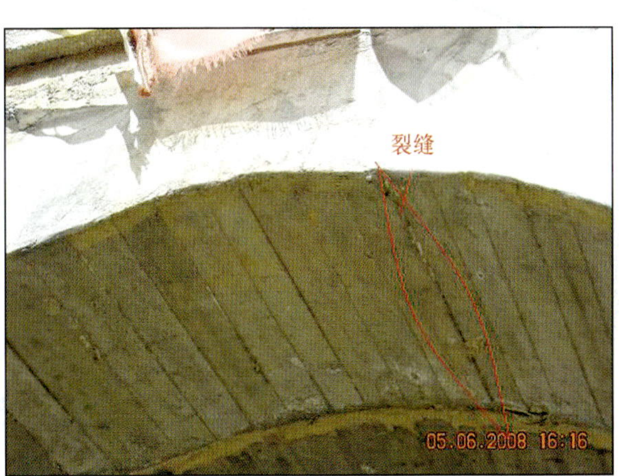

图 9.9　K669+631 高屯子桥拱顶位置拱腹横向开裂

（2）K839+759 斗簇桥

桥面宽 8m，为 1×30.4m 空腹式圬工板拱桥，桥梁全长 42m，重力式桥台。

震后茂县岸桥台侧墙表层混凝土爆裂，茂县岸桥台前墙水平方向有错动痕迹（图 9.10、图 9.11）。

图 9.10 K839+759 斗簇桥桥台侧墙表层混凝土爆裂

图 9.11 K839+759 斗簇桥桥台前墙水平方向错动

(3) K841+689 羊毛坪大桥

桥面宽 9.4m，为 1×64m 桁架拱桥，桥梁全长 88.4m，重力式桥台。

茂县岸山体滑坡，挤压河道，危及桥梁安全（图 9.12）。

9.2.2 省道 301 线九寨沟至川甘界

省道 301 线九寨沟至川甘界全长 164km，是世界级风景名胜区九寨沟连接甘、陕两省的重要通道。其中九寨沟至川主寺（即川九路）段全长约 85km，于 2003 年按照旅游生态道路要求改建，道路技术标准为山岭重丘区二级路。

调查检测了九寨沟至川甘界全线路基路面、沿线桥梁 41 座，隧道 2 座；其中，九寨沟至川主寺段路基路面基本没有震害，其余路段震害也较轻，以震前病害为主，包括边坡坍塌、崩塌、落石等类型，地震后病害有所加剧，可以应急通行。

1）桥梁

省道 301 线九寨沟至川甘界段有 41 座桥梁，受地震影响较小，本段桥梁除地震以前存在的常规病害外，基本不存在明显震害。

2）隧道

本次检测了 K30+695 岭岗岩隧道和 K48+407 薛家坝隧道。检测发现，薛家坝隧道震害不明显，岭岗岩隧道地震病害主要表现为洞口落石，堆积洞口，洞口仰坡、边坡岩体破碎、裂隙发育，在余震、暴雨条件下易发生进一步的崩塌落石病害（图 9.13）。

图 9.12 K841+689 羊毛坪大桥茂县岸山体滑坡、挤压河道

图 9.13 K30+695 岭岗岩隧道洞口岩体破碎、落石

9.2.3 省道205线九寨沟双河至江油黄土梁

省道205线九寨沟双河至江油黄土梁（阿坝境）全长51.88km，是九环线公路通往世界级风景名胜区九寨沟、黄龙的重要路段，为山岭重丘区二级标准。本次共调查检测了全线路基路面、沿线21座桥梁。检测发现，全线21座桥梁中，K40+453黄土梁二号桥和K47+666黄土梁三号桥地震后病害严重。

本段路基路面震害较轻，病害以震前病害为主，包括边坡坍塌、崩塌、落石等类型为主，地震后病害有所加剧，可应急通行。

1）K40+453黄土梁二号桥

该桥为1×8.0m的现浇混凝土板拱桥，拱腹纵向开裂，部分贯通，且渗水有白色钙化物析出（图9.14、图9.15）。

图9.14 K40+453黄土梁二号桥拱腹多条纵向裂缝且渗水

图9.15 K40+453黄土梁二号桥1/4截面处左侧拱圈侧面竖向开裂

2）K47+666黄土梁三号桥

该桥为1×10.0m的现浇混凝土板拱桥，拱圈混凝土为毛石混凝土，夹杂的毛石较多。

该桥下游侧150cm处拱腹存在两条纵向断裂裂缝，裂缝间距为150cm，裂缝最宽处约为5.0cm（图9.16、图9.17）。

图9.16 K47+666黄土梁三号桥拱腹纵向开裂

图9.17 K47+666黄土梁三号桥1/4拱腹纵向开裂近照

第 10 章 省道 105 线安县—北川公路

10.1 概述

2008 年 5 月 19 日，我院组织 5 名技术人员现场调查省道 105 线安县至北川公路地震灾害险情，评估公路沿线的主要地震灾害对公路应急保通的影响，并及时将调查结果上报省交通厅抗震救灾抢险指挥部。

省道 105 线安县至北川公路段全长 46km。其中安县至安昌 18km 位于平原微丘区，地震对路基、路面的破坏轻微，安州大桥主拱圈剪刀撑和部分横梁出现裂缝，余家坝旱桥桥台、锥坡出现移位。安昌至北川 28km 位于山区，擂鼓镇前后 500m 存在崩塌、飞石；仁家坪收费站至北川县城约 2.5km 路段存在较大规模崩塌、滑坡、飞石；白马堰大桥、洪家湾大桥等不同程度受损。

10.2 震害调查及应急措施

10.2.1 桥梁

1）安州大桥

安州大桥为两跨系杆拱桥，其主拱圈安县侧的剪刀撑和部分横梁出现裂缝，吊杆周边混凝土出现圆形破损，伸缩缝挤损，栏杆破坏（图 10.1 ～图 10.4）。

安州大桥可设置限载限速标志，应急交通需单车缓慢通过。

2）余家坝旱桥

余家坝旱桥为 5 孔钢筋混凝土板拱（图 10.5）。安县端桥台锥坡顶面出现开裂、移位等损坏，桥台处有挤压错动破坏（图 10.6）。

余家坝旱桥主体结构未见受损，应急交通可正常安全通行（图 10.7、图 10.8）。

图 10.1 中墩主拱圈安县侧的剪刀撑有两道裂缝

图 10.2 多道横梁裂缝

图 10.3 主拱圈与人行道板连接处出现空隙；吊杆周边混凝土出现圆形破损，露筋

图 10.4 伸缩缝挤损，栏杆破损

图 10.5 余家坝旱桥

图 10.6 安县端桥台锥坡顶面出现开裂、移位，桥台处有挤压错动破坏

图 10.7 人行道被挤坏

图 10.8 桥台、栏杆开裂破损

3）白马堰桥

白马堰桥为斜跨一溪沟的 6 孔空心板梁。安昌镇岸桥台处发生滑坡，桥梁伸缩缝处防撞护栏错动，桥墩盖梁的防震挡块出现裂缝、破损，桥台锥坡损坏（图 10.9 ～图 10.11）。

本桥对应急交通限载通行，并密切监测滑坡动态，一旦滑坡破坏该桥，可架设临时过水涵管，新修便道连接两岸原路。

4）洪家湾大桥

洪家湾大桥为预应力空心板桥，该桥伸缩缝处防撞护栏混凝土破碎，桥墩盖梁两侧防震挡块破坏，桥台锥坡、侧墙破坏（图 10.12 ～图 10.16）。

本桥对应急交通实行管制，限载通行。

图 10.9　伸缩缝处防撞护栏错动

图 10.10　桥墩盖梁的挡块出现裂缝、破损

图 10.11　桥台锥坡损坏

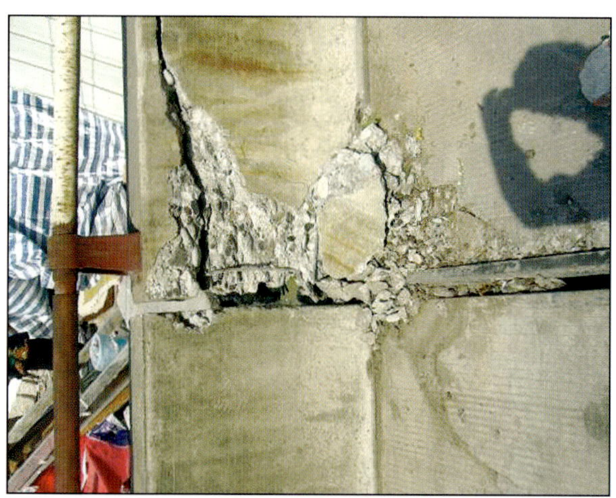
图 10.12　伸缩缝处防撞护栏混凝土出现破碎（1）

图 10.13　伸缩缝处防撞护栏混凝土出现破碎（2）

图 10.14　桥墩桩基与地面出现巨大缝隙

图10.15 桥墩盖梁两侧挡块均出现裂缝、破坏

图10.16 桥台锥坡、侧墙破坏

5）擂鼓镇栈桥（半边桥）

擂鼓镇栈桥紧贴山脚修建，盖梁一端置于山体，一端支于桩基。该桥临河侧盖梁防震挡块破损，崩塌体挤占桥梁净宽，桥面被飞石砸成空洞，露出钢筋（图10.17～图10.24）。

本桥应清除崩塌体和飞石，应急交通限载通行，一旦栈桥破坏，可临时填筑路基。

图10.17 盖梁挡块破损

图10.18 护拦被飞石砸坏

图10.19 桥面被飞石砸成空洞

图10.20 桥面被飞石砸成空洞

图 10.21　盖梁挡块破损

图 10.22　飞石砸坏护栏

图 10.23　飞石砸坏桥面

图 10.24　飞石物源区

10.2.2　路基、路面

经现场调查，沿线路面开裂，路基边坡塌方、滑坡路段主要集中在安县气动所至北川县城路段，且越靠近北川县城破坏越严重。

1）气动所—洪家湾大桥路段

路基左侧靠山，右侧临河，地震导致山体崩塌 5 处，堆积于公路上（图 10.25、图 10.26）。

对此应及时清除路基内崩塌体，应急交通正常通行。

图 10.25　气动所—洪家湾大桥路段飞石

图 10.26　气动所—洪家湾大桥路段崩塌

2）北川县擂鼓镇段

擂鼓镇段约 500m 长度路段内，路基右侧堆积有 11 处崩塌体，多处存在飞石，擂鼓镇栈桥桥面被飞石砸成空洞（图10.27～图10.32）。

该段需清除崩塌体和飞石，安装警示标志，并加强巡监。

图10.27　崩塌体、飞石

图10.28　擂鼓镇平交口处山体滑坡

图10.29　路面错位凸起

图10.30　公路上边坡山体滑塌

图10.31　路面错位凸起

图10.32　边沟开裂破坏

3）仁家坪收费站至北川县城段

该段位于“5·12”汶川大地震发震断裂带核心区，地震对公路的直接、间接破坏较其他路段更严重，仁家坪路段半边路基隆起3m之多，路基边沟被挤埋，仁家坪收费站至北川县城2.5km路段内路基基本被滑坡、崩塌、飞石破坏（图10.33～图10.45）。

对该段应及时清除路基内滑坡、崩塌和飞石，至少保证有一个车道宽度的应急交通行车通道；对于北川县城段崩塌规模大的路段，应另劈新路，新修便道300m。

图 10.33 仁家坪路基隆起 3m

图 10.34 路基挡墙移位 0.6m（边沟被侵占）

图 10.35 路基隆起路面破坏（1）

图 10.36 路基隆起路面破坏（2）

图 10.37 路基上挡墙、路面破坏

图 10.38 路面凸起破坏

图 10.39 涵洞急流槽破坏

图 10.40　崩塌体掩埋挡墙和路基

图 10.41　仁家坪段 250m 山体崩塌

图 10.42　仁家坪段 150m 山体飞石

图 10.43　飞石砸坏路基和房屋

图 10.44　崩塌体砸坏和掩埋桥梁

图 10.45　北川县城段滑坡，路面破坏、悬空

第11章 茂县—北川公路禹里乡—擂鼓镇段

11.1 概述

"5·12"汶川大地震后，北川县湔江上游约4km处唐家山山体滑坡，形成举世瞩目的唐家山堰塞湖。至2008年6月初，堰塞湖水尾端已淹到了禹里乡，并将原省道302线禹里乡至北川约20km路段全部淹没，短期内无法恢复通行，救灾物质运输只能远距离绕行，严重影响禹里乡及其上游数个乡镇的抗震救灾工作。为尽快打通外界至禹里乡的快捷生命通道，交通运输部和四川省交通厅抗震救灾指挥部指示尽快打通禹里乡至擂鼓镇绕避唐家山堰塞湖的道路。

四川省交通厅公路规划勘察设计研究院迅速成立应急抢通调查组，于2008年6月4日下午自成都出发，经江油、平武、松潘、茂县赶往堰塞湖上游，于2008年6月6日～8日会同武警交通一总队、二炮部队及北川县交通局相关人员一道徒步从禹里乡上游的青石至擂鼓镇段进行了现场踏勘。

根据踏勘资料，我院立即研究拟订了禹里乡至擂鼓镇绕避唐家山堰塞湖的抢通路线（图11.1）。路线起于堰塞湖尾浑水沟附近，经张拱桥、青龙桥、大岩窝，翻越冒火山垭口，再经蒋家山，于反白坪接地方道路至擂鼓镇，全长约47.2km，其中新建路段长35.3km，利用已有林场和村道改建长11.9km。

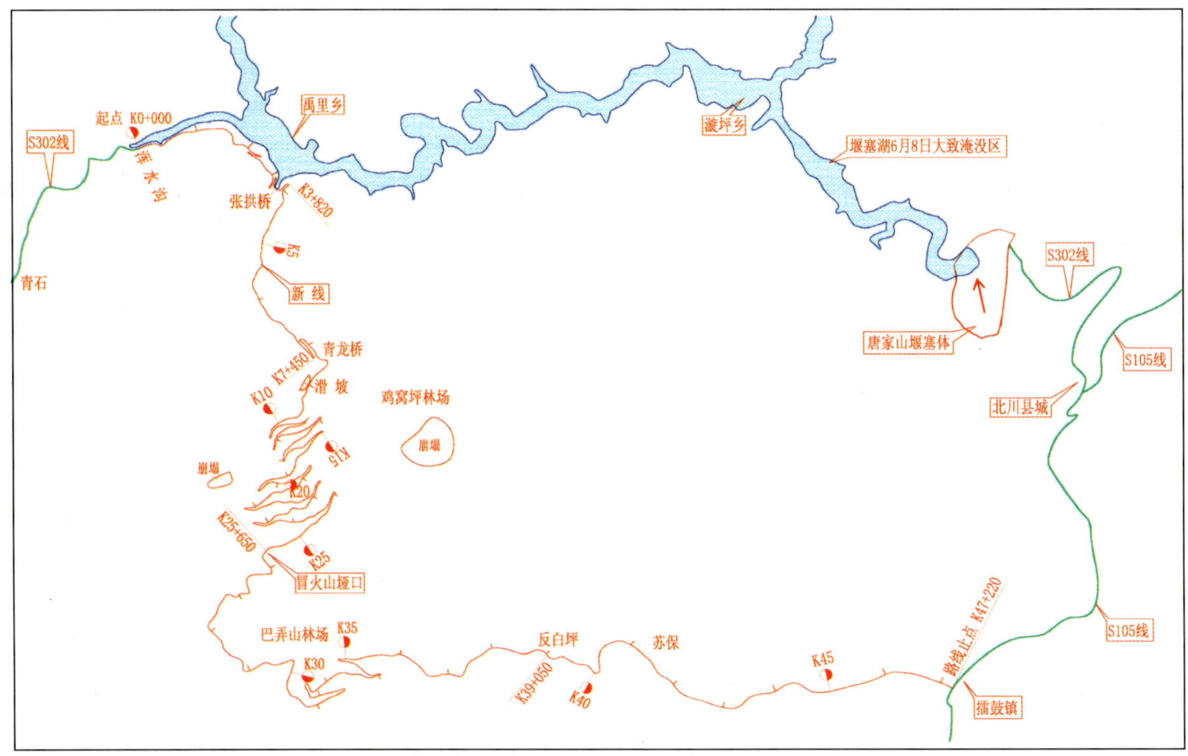

图11.1 抢通路线示意图

11.2　震害调查及抢通方案

抢通路线分为四段，分述如下。

11.2.1　第一段：浑水沟桥—张拱桥段

浑水沟桥—张拱桥段约 3.8km 新建，路基宽度 6.5m。

从浑水沟桥开始向右避开淹没公路（图 11.2、图 11.3），路线基本上在堰塞湖右侧岸坡上布设，实地调查斜坡以崩残坡积体为主，并见巨石块石分布（图 11.4）。受地震影响，地表多见裂缝，但基本为浅表性的，路线通过位置没有大型滑坡和不稳定体存在。考虑到受湖水长期浸泡和水位变动容易引起湖岸再造、产生坍塌，路线方案适当内移，避开其塌岸影响带。K1+500 和 K2+700 附近斜坡基岩多出露，以千枚岩夹砂岩为主，岩体节理、裂隙较发育，受风化和地震影响，出现了多处垮塌（图 11.5 ~ 图 11.7），其中 K2+700 左侧突出的山咀基岩裂缝发育，且横坡陡，整体稳定性欠佳，将路线内移到稳定坡体，可绕避该不良地质（图 11.8、图 11.9）；张拱桥在地震中已垮塌（图 11.10、图 11.11），需要在原桥位处新修一座战备钢桁架桥（2×30m），并与冲沟右岸的禹里乡—鸡窝坪林场道路相接（图 11.12、图 11.13）。该桥址处两岸均为崩坡积块、碎石土，土体密实，承载力较高，能够满足重建桁架桥的要求。

图 11.2　唐家山堰塞湖淹没省道 302 线（禹里）

图 11.3　唐家山堰塞湖湖尾（禹里）

图 11.4　K1+200 缓坡地形及坡上分布的崩塌巨石

图 11.5　K2+000 斜坡及堰塞湖

图 11.6　K2+700 临堰塞湖岩质边坡崩塌（坡下为淹没的公路）

图 11.7　K2+700 山体震裂

图 11.8　K2+700 突出的震裂山咀

图 11.9　路线内移绕避不稳体（图中双门电杆附近为新路线）

图 11.10　坍塌的张拱桥右岸，重建桥梁

图 11.11　张拱桥桥位（从上游向下游看）

图 11.12 唐家山堰塞湖淹没的禹里乡

图 11.13 禹里乡木房倾斜

11.2.2 第二段：张拱桥—青龙桥段

张拱桥—青龙桥段约 3.7km 利用原有林场道路和村道整修改，路基宽度 4.5m。

该段主要为利用鸡窝坪林场公路和茶园村自修道路改建，林场路挡墙有局部垮塌（图 11.14），应急抢通阶段可向内侧挖方形成路基。原有林场公路路基宽度约为 4m，土石路面，沿线基本无大型不良地质现象，受地震影响有路堤边坡局部开裂、下挫（图 11.15、图 11.16），以及上边坡岩体（千枚岩为主）受构造变质作用影响，岩体较破碎，出现崩塌、落石（图 11.17、图 11.18、图 11.19），但规模不大，以清方处理为主。抢通方案以向内侧挖方形成路基的方式通过。

图 11.14 利用林场道路起点（部分挡墙垮塌）内侧挖方形成路基

图 11.15 基本稳定的高陡边坡，仅零星落石，暂不处理

图 11.16 小型崩滑堆积，清方

图 11.17 小型上边坡崩滑体，清方

图 11.18 路堤外侧开裂、下挫内侧挖方形成路基

图 11.19 原青龙桥，拟定路线在其内侧提前展线后以 321 钢梁跨越山沟

11.2.3 第三段：青龙桥—冒火山垭口—反白坪段

青龙桥—冒火山垭口—反白坪段约 31.5km 新建，路基宽度 4.5m。

本路段为越岭线，需翻越冒火山（垭口高程约 2 000m），原有村道高程低，同时青龙桥左岸发生顺层大型滑坡，该滑坡估计约 2 万立方米，滑坡后缘裂缝张开最大 1 ~ 2m（图 11.20）。该滑坡将原村道一对回头弯路基摧毁，恢复难度大，故在青龙沟右岸利用缓坡设回头线提高高程，并新设一座比原桥高出 20m 左右的战备钢桁架桥通过青龙沟（图 11.21、图 11.22）。桥位处两岸见崩坡积块、碎石土和千枚岩基岩出露，局部边坡崩坡积体出现垮塌，其余边坡整体基本稳定，适合新建桥梁，但沟较狭窄，横坡陡，桥梁施工难度较大。路线跨青龙沟到达左岸后，因提前回头升坡抬高了桥梁，路线可在滑坡体上方通过（图 11.23，路线长度约 300m）。该滑坡顺土石界面滑动，稳定性差，治理困难，路线从其上方通过时，拟采用桩板墙，以达到少扰动顺层岩体，加快施工速度的目的。

图 11.20 青龙沟滑坡上的裂缝

图 11.21 青龙桥右岸缓坡，适宜设置回头线

图 11.22 青龙沟及绕避路线

图 11.23 青龙桥左岸滑坡，路线绕避和处理滑坡

翻越冒火山之前，路线通过区局部见基岩出露并分布有崩塌堆积（图 11.24 ~ 图 11.26），但规模不大，以清方通过为主，抢通时应尽量放缓边坡，减少崩塌落石的威胁。其余大部分地段坡体整体基本稳定（图 11.27），但开挖时应注意放缓边坡，由于边坡体内地下水较丰富，在路基内侧应开挖排水沟，以利于排水。从地形地质条件看，本段为翻越冒火山而设置回头线是合理的。

图 11.24 崩塌塌方堆积，清方

图 11.25 崩塌落石，清方

图 11.26 崩坡积坡体，向内侧挖方形成路基

图 11.27 翻越冒火山前的稳定坡体，适合布线

路线经冒火山垭口（图 11.28、图 11.29），向前经过蒋家山、巴弄山（图 11.30、图 11.31），坡体上多见基岩（千枚岩为主）露出，除局部崩塌外，坡体整体稳定，基本适合路线通过；但坡体横坡较陡，需采用对坡体岩体扰动小的施工方式，并在局部高陡边坡处设置主动防护措施，适当放缓上方边坡，减少崩塌、落石等发生的几率。

图 11.28 冒火山垭口，路线需翻越

图 11.29 冒火山垭口千枚岩基岩露出

图 11.30　蒋家山及路线布置

图 11.31　冒火山垭口远望巴弄山

11.2.4　第四段：反白坪—擂鼓镇段

反白坪—擂鼓镇段约 8.2km，利用原有简易公路改建，路基宽度 6.5m。

此路段存在的病害及处理措施如下。

(1) 串珠状堰塞湖

道路位于河谷两侧，谷坡一般高达百米以上，由中厚层灰岩、砂板岩夹千枚岩组成，岩体较为破碎。

受"5·12"大地震作用，沿河多处破碎岩质边坡崩坍失稳，崩坍上缘直至坡顶，崩坍体堵塞河道形成串珠状堰塞湖（图 11.32）。单个崩塌体的数量不大，一般仅数千至几万立方米，故形成的堰塞深度较小（一般小于 15m），回水长度仅百米（图 11.33）。

抢通中采取适当疏泻堰塞体及护岸措施（如破坝泻流、路基临河侧做大块石堆砌的防冲护脚等）保证路基安全。

图 11.32　河谷右岸崩塌形成的堰塞体

图 11.33　小型堰塞湖（上游右岸塌体致上游堰塞）

(2) 地震诱发滑坡

河流弯道内侧一般于陡崖坡脚有厚度不等的崩坡积层发育，当堆积体地下水水量较丰且处于河流顶冲段时，在地震作用下往往导致堆积层滑移失稳，应采取清方处理（图 11.34、图 11.35）。

图 11.34 地震诱发堆积层滑坡，清方（1）

图 11.35 地震诱发堆积层滑坡，清方（2）

(3) 崩塌、落石

沿线坡面上方多分布有地震松动但尚未发生重力破坏的危石、危岩，数量不大，以清方处理措施为主，并加强监测（图 11.36、图 11.37）。

(4) 泥石流

沿河两岸支沟沟床纵坡陡，两岸谷坡崩坍体堆积于沟床表面，支沟中有小规模泥石流分布，一次爆发流量较小，对抢通路线基本无影响（图 11.38、图 11.39）。

图 11.36 支沟堆积物，成为泥石流爆发的物源，清方

图 11.37 应急公路上方危石、危岩，清方

图 11.38 左侧支沟沟床堆积物已有泥石流活动，对抢通基本无影响

图 11.39 左侧支沟上游塌方堆积于沟床，对抢通基本无影响

第 12 章 广元极重灾区部分道路

12.1 概述

"5·12" 汶川大地震后，我院应急调查广元组 12 人于 2008 年 5 月 21 日至 2008 年 5 月 24 日奔赴广元各地，重点调查了受灾较严重的青川、剑阁两县的公路受灾情况。调查以国、省干线为主，主要包括国道 212 线广元至姚渡约 105km、108 线广元至棋盘关段约 63km，省道 105 线彭州至青川约 99km。这三条国、省干线是受灾最严重的四个县最重要的进出口道路，震前以二、三级公路标准为主。此外，广元组还调查了广元境内的 XH10 金子山至青川县城约 71km、X121 青川转嘴子至马鬃关约 42km 等农村公路，调查总里程约 380km。

12.2 震害调查

12.2.1 路基路面震害

公路整体被毁：大面积山体崩塌、滑坡以及形成的堰塞湖将公路彻底掩埋、外推、淹没。一些路段完全破坏，如省道 105 南坝北段、沙湾段和省道 205 东河口堰塞湖段（图 12.1）。

图 12.1 东河口堰塞湖

路基沉陷与开裂：区内公路多为沿溪线，普遍存在路基朝河流方向滑移，造成路基沉陷、开裂、变形（图 12.2 ~图 12.5）。

图 12.2　国道 212 白龙湖岸滑坡导致路面开裂

图 12.3　省道 105 线湖岸路基（斜坡）沉降

图 12.4　XH10 线 K4+950 ~ K5+080 左侧路基临河路基挡墙坍塌、路基开裂

图 12.5　国道 108 线翠柏长廊路基垮坍

路基上边坡垮塌：挖方边坡失稳坍塌，路基路面被埋（图 12.6 ~图 12.13）。

图 12.6 省道 105 线沙湾山体垮塌段

图 12.7 省道 105 线北川段山体滑坡、路基被掩埋

图 12.8 省道 105 线北川段山体滑坡、路基掩埋

图 12.9 省道 105 线滑坡路基已向河方向推移 20m 左右

图 12.10 广青公路山体崩塌滑坡、路基被掩埋

图 12.11 广青公路山体崩塌、断道

图 12.12 广青公路山体崩塌滑坡、路基被掩埋

图 12.13 广青公路山体崩塌落石、路基受损

路面损毁：边坡岩体滚落，路面被砸出大大小小的坑槽，大的达数平方米。此外，路基滑坡导致路面开裂变形，也是路面普遍存在的病害（图 12.14 ～图 12.17）。

图 12.14　国道 108 线剑门关滑坡导致路面开裂

图 12.15　国道 212 白龙湖岸沉降、路面开裂

图 12.16　广青公路外侧路基沉陷、路面开裂

图 12.17　广青公路落石砸毁路面

防护设施及构造物损坏：护栏被落石砸毁或严重变形，边沟、截水沟几乎均遭到不同程度的掩埋或损毁。

12.2.2　桥梁病害

桥梁垮塌：地震致使部分桥梁直接垮塌，如井田坝大桥、陈家坝桥、南坝大桥等（图 2.18、图 2.19）。

图 12.18　省道 105 线跨湖井田坝大桥垮坍（箱型拱）

图 12.19　省道 105 线在建南坝大桥垮坍全景

桥梁结构性损坏：主要是开裂、位移，包括桥面系损坏（护拱损坏、护墙失稳）、结构性损伤（拱圈开裂）等（图 12.20 ～图 12.23）。

图 12.20　国道 212 沙洲大桥（箱型拱）全景

图 12.21　国道 212 沙洲大桥人行道横移、栏杆倾倒

图 12.22　国道 212 沙洲大桥震害严重，正在抢险加固

图 12.23　国道 212 沙洲大桥桥台沉降、人行道横移

12.2.3　隧道病害

隧道损坏：主要是二次衬砌开裂、破损造成渗水，拱底下沉等，如酒家垭隧道、牛角垭隧道等(图 12.24 ～图 12.29)。

图 12.24　县道 XH10 线酒家垭隧道进口实景

图 12.25　国道 108 线剑门关隧道出口

图 12.26　县道 XH10 线酒家垭隧道拱顶纵向开裂、掉块

图 12.27　县道 XH10 线酒家垭隧道拱腰混凝土剥落、防水布外露

图 12.28　县道 XH10 线酒家垭隧道初期支护变形、钢架扭曲

图 12.29　县道 XH10 线酒家垭隧道掌子面垮塌

第 13 章 什邡广青公路

13.1 概述

广青公路起于广汉市（北外乡中心小学，与 G108 相交处），止于什邡市红白镇青牛沱，全长约 64km，路基宽度 8 ~ 12m，水泥混凝土路面，1966 年建成，并于 1997 年按二级公路标准改建。其沿线连接什邡县城、蓥华镇、金花镇、红白镇、化工厂等，是什邡市通往山区乡镇、重点企业的重要通道。

汶川"5·12"大地震对该路损毁严重，震害形式主要表现为大量崩塌落石，砸坏路基路面、掩埋公路，同时路面严重变形开裂，并有红钟大桥等多座桥梁垮塌，对抢险救灾造成严重威胁。

我院临危受命派出 4 人抢险调查小组，于 2008 年 5 月 14 日到达什邡，与当地交通局有关人员简单接头交流后即深入灾区进行地震灾害调查和应急保通工作。

调查组于 2008 年 5 月 14 日下午同交通局人员共同调查了烂柴湾塌方及以南路段，第二天一早徒步向前完成了烂柴湾塌方以北（红白镇方向）的震害调查，在现场当即向公路局抢险人员通报震害内容、规模、程度及应急处治措施，为抢险保通提供了有力的技术支撑。

13.2 震害调查与应急措施

根据地震灾害情况，全线可分为平原段和山区段，震害情况分述如下。

13.2.1 平原段

平原段主要在广汉至蓥华镇，地形平缓，其间正值路基路面改造，地震对公路总体影响不大，抢险保通较为容易。

13.2.2 山区段

进入山区，地震灾害让人触目惊心，民房、工矿企业房屋大量倒塌，公路沿线有大量崩塌落石、路面开裂、桥梁垮塌现象。蓥华镇—烂柴湾震害主要表现为小规模的边坡塌方、路基路面变形开裂，对抢险保通影响不大，调查期间救灾车辆和社会车辆较多，应加强疏导。

烂柴湾以后则崩塌滑坡、路面开裂、桥梁垮塌现象严重，主要如下。

（1）烂柴湾塌方

该段塌方为 T3xj 砂泥岩，受构造影响岩体破碎，地震前即为塌方滑坡区，曾多次治理。塌方段落长约 100m，高约 50 ~ 60m，塌方量约 15 000m^3，主要为坡体顶部岩体在地震力作用下垮塌（图 13.1、图 13.2）。什邡交通局组织数台挖掘机、推土机日夜清理塌方体，于 2008 年 5 月 15 日 14 时左右抢通。

该段边坡岩层陡倾、岩体破碎，在清理塌方体过程中飞石不断，为避免给抢险人员和车辆造成伤害，车辆和人员应在严格的交通管制下通行，在抢险结束后对该段进行病害治理。

图 13.1 广青路烂柴湾大规模边坡塌方，掩埋道路

图 13.2 即将挖通的边坡

(2) 烂柴湾以后的塌方

该段边坡位于烂柴湾和红白镇之间，表现为公路左侧边坡中上部 T3xj 砂岩体崩塌灾害，掩埋半幅以上的路面，同时，路基产生大量变形开裂（图 13.3、图 13.4）。该段路基加以清理可以满足应急交通要求，但后续应对边坡灾害进行治理。

图 13.3 路基开裂

图 13.4 边坡塌方掩埋半幅路基

(3) 木桥沟小桥等两座小桥

木桥沟小桥位于柿子坪村口，为简支梁桥，净跨约 6.8m，于 1997 年改建。目前左幅路面隆起，两侧桥台均出现竖向裂缝，蓥华岸桥台侧墙外鼓，成为危桥，但桥面板未见严重破坏，仍可满足应急通行需要，建议立即修复路面，并及时检测、加固。该桥如图 13.5、图 13.6 所示。

图 13.5 木桥沟小桥桥面隆起不平

图 13.6 木桥沟小桥两侧桥台均出现竖向裂缝，蓥华岸侧墙外鼓

前方还有一座小桥完全垮塌（图 13.7），但该桥左侧老桥完好（图 13.8），可半幅、慢速、限载通行。

图 13.7　垮塌小桥

图 13.8　垮塌小桥左侧可通行老桥

(4) 红钟大桥

其为拱桥，桥宽 8.5m，单跨 100m。该桥已完全垮塌（图 13.9），岳家山侧有一条矿山道路，清理后可满足应急车辆通行要求（图 13.10、图 13.11）。建议自水泥厂旁的加油站沿汽车修理厂方向新挖掘一条便道至河对岸，与矿山道路相接，以满足应急通行要求。但岳家山侧矿山公路边坡上部为三叠系须家河组中厚层状砂岩，岸坡陡峻，地震时边坡上部产生崩塌落石灾害，在余震作用下易产生岩体垮塌，抢险期间必须轮班职守，加强监测。

图 13.9　红钟大桥岳家山岸桥梁垮塌

图 13.10　红钟大桥岳家山岸桥梁垮塌，岳家山侧有一条矿山道路可应急通行

图 13.11　红钟大桥左侧可供临时应急抢险的道路

第 14 章　绵茂公路汉旺—清平段

14.1　概述

“5·12”汶川 8.0 级特大地震发生后，针对绵竹汉旺、清平极重灾区严重的地震灾害，我院 2008 年 6 ~ 8 月数次组织专家及技术人员深入现场，进行绵茂路汉旺至清平段震害应急调查和确定抢通措施。

绵茂公路是德阿公路的重要组成部分，是交通运输部灾后重建规划的进出阿坝州的重要“生命线”通道。绵竹至汉旺段位于平原区，受地震影响小，路况较好；汉旺至清平黑洞崖段长约 20km（汉旺—篾棚子为山重二级公路，长约 18km，篾棚子—黑洞崖为矿山路，长约 2km），地震灾害十分严重，黑洞崖以北尚有一段矿山路，等级低，已遭遇毁灭性震害（图 14.1 ~ 图 14.3）。

图 14.1　K7+900 小岗剑堰塞湖淹没道路

图 14.2　K9+900 崩塌、落石断路、毁汽车

我们重点调查了绵茂路汉旺至清平黑洞崖段的震害情况，包括路基、挡防排水、路面、桥梁和护栏等震害，以及诱发的滑坡、泥石流、崩塌、飞石和堰塞湖等地震次生灾害；另外还调查了高桥至天池支线道路、跨清平河桥震害情况；并提出了应急抢通措施。

绵茂路抢险保通重点集中在汉旺至清平段，其滑坡、泥石流、崩塌、飞石以及堰塞湖等次生灾害发育，摧毁、掩埋道路，对区域内脆弱的交通基础设施，摧毁是致命性的，至今未能完全通行，给沿线居民生产、生活及生命安全带来严峻的挑战，是抢险保通硬骨头路段。

主要震害表现为：

(1) 本段形成多处堰塞湖，且储水量大。堰塞湖淤塞抬高河床，淹没路基，泄洪冲蚀下游道路，直接危及临河防护构造物和路基稳定，

图 14.3　K1+550 堰塞湖冲毁路基挡墙

甚至冲毁全部路基。

(2) 地震诱发大量的滑坡、泥石流、崩塌及飞石，摧毁、掩埋道路，损毁桥梁。

(3) 路基排水防护工程和路面损毁严重。

(4) 护栏、标牌等安全设施损毁严重。

14.2 震害调查与应急措施

14.2.1 震害调查

1) 路基路面

(1) 堰塞湖及水毁

汉旺至清平10余公里就分布有一把刀、老虎嘴和小岗剑等多处堰塞湖。堰塞湖储水量达几千万立方米，对公路产生很大威胁（图14.4～图14.8）。

图14.4 K3+100～K3+700段堰塞湖泄洪冲毁路基

图14.5 K3+900一把刀堰塞湖掩埋道路

图14.6 一把刀堰塞湖深10～20m，淹没1km道路

图 14.7　小岗剑堰塞湖深 20 ~ 30m，淹没 2km 道路

图 14.8　K20 黑洞崖堰塞湖深 30 ~ 50m，淹没 1.5km 道路

(2) 滑坡

在地形陡峻的崩坡路段，受强烈地震影响，致使坡体失稳，诱发滑坡（图 14.9、图 14.10)。

图 14.9　K5+800 滑坡掩埋断路

图 14.10　K17+900 ~ K18+400 滑坡与崩塌断路

(3) 泥石流

本路段沟谷纵坡比降大，山体破碎，为地震影响提供了丰富的物源，在强降雨作用下，形成泥石流（图 14.11 ~图 14.13)。

图 14.11　K7+600 右小岗剑泥石流掩埋道路，形成堰塞体

图 14.12　篾棚子泥石流掩埋村庄

图 14.13　K19+800 泥石流断路、形成小型堰塞湖

(4) 崩塌、落石

本路段边坡陡峭，节理发育，局部形成倒坡，崩塌、碎落和飞石发育，安全威胁较大（图 14.14 ～图 14.17）。

图 14.14　K4+700 崩塌落石毁路

图 14.15　K9+900 崩塌与落石断路

图 14.16　K10+300 崩塌与落石断路

图 14.17　K19+500 ～ +800 崩塌与碎落断路

（5）路基路面沉陷与开裂（图 14.18、图 14.19）

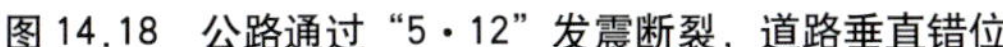

图 14.18　公路通过“5·12”发震断裂，道路垂直错位

图 14.19　K16+700 K12+300 路面开裂

2）桥涵

K5+650 高桥被堰塞湖泄洪冲毁，K15+500 清平乡桥错位约 40cm（汉旺岸），K18+800 桥梁垮塌（图 14.20 ～图 14.22）。

图 14.20　K5+650 高桥被堰塞湖泄洪冲毁

图 14.21　K15+500 清平乡桥错位约 40cm（汉旺岸）

图 14.22　K18+800 桥梁垮塌

14.2.2 应急措施

1）汉旺九更桥至一把刀段

首先，尽快打通九更桥至一把刀段道路，在现有路基体上拓宽，形成宽度不小于 3m 的应急道路。其次，再对九更桥至一把刀段道路进行加宽、加固，形成具备一定的能抗击常年洪水冲击的道路，以保证雨季抗灾车辆通行。

(1) 水毁

①工点一（K1+460 ~ K1+475 段）

左幅路基冲毁，路面悬空，右幅具备通行条件。可直接在基岩上应急填筑，恢复双向通行，左侧设置“严禁靠边行驶”警示标志（图 14.23）。

图 14.23 K1+460 ~ K1+475 段

②工点二（K1+510 ~ K1+590 段）

临河挡土墙基底掏空失稳破坏，上边坡崩塌侵占道路，致使路基宽度严重不足。在现有路基体上拓宽，打通宽度不小于 3m 的单车道，应急通行，并在两端设“单向通行”的警示标志。

K1+510 ~ K1+550 段挡土墙被冲毁，右侧靠山体陡坡，左侧临河，适当调整路基高程，形成宽度不小于 3m 的通道，实现单向通行。K1+550 ~ K1+590 段左幅路基被冲毁，右幅路基被边坡崩塌块石土侵占，清除堆积体（图 14.24、图 14.25），半幅应急通行，并在两端设“单向通行”警示标志。

图 14.24 K1+510 ~ K1+590 段水毁

图14.25　K1+510～K1+590段水毁断路

③工点三（K2+450～K2+540）

受洪水冲刷，部分路基及路面被冲毁，临河挡墙冲毁，露出了新老两层路面。现采用沙袋护肩+填筑路堤的方式处治，打通宽度不小于3m的单车道，以保障通行，两端设“单向通行”的警示标志（图14.26）。

图14.26　K2+450～K2+540段

④工点四（K3+100～K3+700段）

该段是抢险保通的重点和难点地段。路基被完全冲毁，已成乱石林立的河道，巨石直径1～10m，大小不等，右侧为陡峭山体。具体措施为：先清理河道，将河中巨石爆破，分解为直径约1m左右的石块，顺路基坡脚堆砌，形成能抗常年洪水冲蚀的堆石护坡，防止河流的冲刷。路堤填筑先高出现水位0.5m形成应急通道，再逐步进行加宽、加高和加固（图14.27、图14.28）。

图 14.27　K3+100 ~ K3+700 段

图 14.28　K3+100 ~ K3+700 段

(2) 滑坡

工点五（K2+800 ~ K2+870 段）

道路被滑坡堆积阻断，堆积体主要为块石土，滑坡后缘为完整稳定基岩，左侧临河挡墙完好，采用清方处理（图 14.29）。

图 14.29　K2+800 ~ K2+900 段

2）一把刀至金鱼嘴水坝段

一把刀至金鱼嘴水坝段位于 V 形峡谷内，主要受堰塞湖的影响和制约。应急措施是尽量降低堰塞湖水位，填筑浸水路堤，局部改线保通。

(1) K3+800 ~ K4+000 段

该段为 V 形峡谷段，谷宽 20 ~ 30m，河道窄，水流急。受地震影响，山体崩塌物将清平河阻塞成堰塞湖，路基及河道被堰塞体掩埋，河床抬高，道路淹在水下约 8m 深处。应急措施是将坝体上泄洪槽降低 3 ~ 5m 泄洪，清理、拓宽河道，降低水位，为湖内道路填筑创造条件（图 14.30）。

图 14.30　K3+900 堰塞湖坝体段

（2）K4+000 ～ K4+150 段

本段处于一把刀堰塞湖内，湖内约有 400m 的原路被淹，原路水深约 8m，河心处水深约 11m，现积水量约 15 万立方米，峡谷宽约 30 ～ 100m。应急措施是尽量降低水位，在原路基处紧邻陡崖填筑形成宽 6m 的浸水路基，形成临时通道，浸水路基填筑约 2.5 万立方米（图 14.31）。

图 14.31　K4+100 一把刀堰塞湖填筑浸水路堤

(3) K4+150 ~ K4+500 段

K4+150 ~ K4+300 段原路仍被堰塞湖淹没，K4+300 ~ K4+500 段路基已露出湖面，基本完好。该段地形较为平坦、地质稳定，位于堰塞湖边缘，具备改线条件，采用改线新建形成应急通道。

K4+150 ~ K4+200 段为楠木沟沟口漫滩，可开挖形成路基通过。K4+200 ~ K4+250 楠木沟沟口段应急措施是采用简易的过水路面通过（图 14.32、图 14.33）。

图 14.32　K4+150 ~ +500 改线（1）

图 14.33　K4+150 ~ +500 改线（2）

(4) K4+500 ~ K5+300 段

该段系 V 形河峡谷段，左侧临清平河，设临河浸水挡土墙，路基完整，路面局部出现纵向裂缝，不影响正常通行。主要震害为崩塌、落石，崩坡积块石土掩埋路基（图 14.34）。K4+500 ~ K5+100 段清除路基上崩塌堆积块石土。K5+100 ~ K5+300 段顺山坡出现崩塌、溜方，掩埋路基，清除道路上块石土，形成临时便道，后期增设路堑墙。

图 14.34　K4+500 ~ K5+300

本路段崩塌、落石病害发育，加强预警，以保安全。

3）金鱼嘴水坝至小岗剑段

本段位于 V 形峡谷内，路基受堰塞湖冲蚀和滑坡、泥石流、崩塌堆积体的掩埋，损毁严重，抢险保通难度大。应急措施是清理理顺河道、清除崩塌体，填筑修复路基，增设防冲刷构筑物，提高抗灾害能力；其支线高桥至天池跨清平河桥梁近期采用简易便桥通过。

（1）K5+300 ~ K5+900 段

① K5+300 ~ K5+520 段

该段谷宽 45 ~ 70m。主要震害为左侧临河路基边坡和构造物被冲毁，局部残留挡墙体，挡防工程失效。应急措施分两步，先抢通河中便道，利用路基左侧河谷漫滩，填筑高出现河面 1 ~ 2m，宽度不小于 4m 的临时便道，满足抢险车辆通行，然后再加宽、加固右侧路基（图 14.35）。

图 14.35　K5+300 ~ K5+520

② K5+520 ~ K5+700 段

左侧临河浸水挡墙冲毁，路面毁坏；右侧为高陡山体，覆盖崩坡积块石土较厚。其主要震害为滑坡、崩塌、落石，滑坡体及崩坡积块石土掩埋路基，难以通行。应急措施是清方，后期增设路堑墙（图 14.36）。

图 14.36　K5+520 ~ K5+700

③ K5+700 ～ K5+900 段

该段主要震害为崩塌、落石，崩坡积块石土掩埋路基，但厚度小，清除后不影响正常通行。后期应加强该段浸水挡墙防冲刷处理（图 14.37、图 14.38）。

图 14.37　K5+700 ～ K5+900 段

图 14.38　K5+500 ～ K5+800 段

（2）K5+900 ～ K7+300 段

该段为沿清平河 V 形峡谷段沿河线。

① K5+900 ～ K6+100 段

左侧临清平河，右侧山体覆盖土层较厚，顺山坡出现崩塌、溜方，掩埋路基，暴雨后局部形成小规模泥石流。清方后可应急通行（图 14.39）。

图 14.39　K5+900 ～ K6+100 段

② K6+100 ～ K7+300 段

路基全无，块石土淤塞河道，与路持平，受洪水及小岗剑堰塞湖的威胁大，路基有再次被冲毁的危险。应急措施是先清理河道，分解河中巨石，改善流态，靠山填筑路堤，形成抢险通道，然后再加宽，临河侧顺路堆砌大块石，加固路基（图 14.40、图 14.41）。

图 14.40　K6+100 ~ K6+600 段

图 14.41　K6+600 ~ K7+300 段

③ K7+300 ~ K7+700 段

该段为 V 形峡谷段，位于小岗剑堰塞湖坝前，公路已被滑坡形成的堰塞体和右侧大型泥石流的堆积体共同掩埋，处理困难，先抢通临时便道（图 14.42 ~图 14.44）。

图 14.42　K7+300 ~ K7+700 左山体下滑、右泥石流形成堰塞湖坝体

图 14.43 K7+700 小岗剑堰塞湖坝体，断河、阻路

图 14.44 K7+300 ~ K7+700 泥石流堆积体掩埋路基

4）小岗剑至黑洞崖段

（1）K7+700 ~ K10 小岗剑堰塞湖影响段

小岗剑堰塞湖，湖水回淹至清平大桥，最深处超过 40m，长 2km 的公路被淹没在水下。应急措施是尽量降低湖水位，局部填筑浸水路堤或开挖边坡形成应急通道（图 14.45 ~图 14.50）。

图 14.45 小岗剑堰塞湖 K7+800 深约 30m（1）

图 14.46 小岗剑堰塞湖 K8+600 深约 30m（2）

图 14.47　小岗剑堰塞湖 K8+500 淹没树木死亡

图 14.48　小岗剑堰塞湖 K9+100 原路滑坡

图 14.49　小岗剑堰塞湖 K9+400 ~ +900 边坡崩塌

图 14.50　小岗剑堰塞湖 K10+000 湖尾

(2) K10~K18 清平大桥至篾棚子段

清平大桥至清平受滑坡、崩塌体及临河路基水毁等震害（图 14.51），危害较小，清除抢通。清平至篾棚子段，长约 4km，处于较宽的清水河阶地上，主要震害为路基路面沉陷、开裂，桥梁错位，地震危害小，可应急通行。

图 14.51　K10+350 滑坡断路

清平乡清水河桥：上部构造相对于两岸桥台整体往北偏移约 40cm，篾棚子岸桥台台背沉降约 20cm。局部路段混凝土路面发生纵向裂缝宽超过 20cm，相对高差超过 10cm，有约 4 处路面产生横向挤压隆起变形。由于该段地处宽缓阶地，该段仍能维持抗灾通行（图 14.52）。

图 14.52　K15+500 清平乡桥地震诱发错位

断裂带明显在篾棚子处穿过，致使公路在断裂带处形成 3 ～ 4m 的垂直错位，但水平错位不明显（图 14.53、图 14.54）。

图 14.53　K16+700"5・12"发震断裂横穿公路，垂直错位 3 ～ 4m

图 14.54　K16+700 附近"5・12"发震断裂中央断裂通过位置

（3）K18~K20 篾棚子至黑洞崖段

篾棚子至黑洞崖，长约 2km，为矿山路，道路等级低，地形狭窄、陡峭，山体崩塌普遍分布，路基、桥梁均遭受毁灭性破坏，难觅踪迹，抢通十分困难（图 14.55 ～图 14.60）。

图 14.55　K18+000 ～ K18+400 滑坡崩塌断路

图 14.56　K18+600 崩塌落石断路

图 14.57　K19+100 ～ 200 边坡崩塌断路

图 14.58　K19+250 泥石流，路基全无

图 14.59　K19+300 堰塞湖及边坡崩塌断路

图 14.60　K19+500 边坡崩塌，落石断路

篾棚子至黑洞崖段，地震后形成大小 4 个堰塞湖，以黑洞崖堰塞湖威胁最大。黑陡崖坝体高约 70m，回水至小木岭，蓄水量约 160 万立方米，淹没道路约 1.5km。黑洞崖坝顶泄水初期，流量不足 10m^3/s，对下游公路有一定的安全威胁，仍需继续处理（图 14.61、图 14.62）。

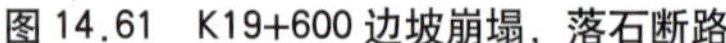
图 14.61　K19+600 边坡崩塌，落石断路

图 14.62　K20 黑陡崖堰塞湖深 30 ~ 50 米

黑陡崖至距兰家约 17km，因多个堰塞湖淹没，再也无法前行。据震后成功攀岩逃生的山民介绍，其震害较篾棚子至黑陡崖段更为严重：两岸山体普遍垮塌，全线道路、桥梁均遭毁灭性破坏，在 3.5 km 内形成 5 个堰塞湖，仍未能排除。由于该段地形极为狭窄、陡峭，震后除矿山逃生人员外，无人涉足，其中险情和抢险难度可见一斑。

14.2.3　高桥至天池支线清平河桥震害调查及应急措施

该段属 V 形峡谷，两侧均为高陡山体。高桥至天池支线接汉清公路 K5+650 处，跨清平河，单跨 56m，现梁体已被完全破坏，仅残留桥台。根据现场情况，拟订了利用原桥台单跨架设刚架桥、跨径 57m，新建两桥台架设钢架桥、跨径 36m，利用水电站大坝架设钢架桥和架设简易钢架便桥等 4 种应急抢通方案（图 14.63 ~图 14.66）。采用大跨径钢架桥的施工难度大、工期长，工程规模大，应急措施采用施工简单、快速的临时简易钢架便桥通过。

图 14.63　方案一　利用原桥台架设钢架桥梁位置示意图

图14.64　方案二　新建桥台架设钢架桥梁位置示意图

图14.65　方案三　利用水电站大坝架设钢架桥位置示意图

图 14.66 方案四（应急抢通方案） 采用简易钢架便桥位置示意图

高桥至天池乡政府长约 1.5km，震害主要是滑坡、崩塌与飞石等（图 14.67），采用清方，形成应急通道。

图 14.67 高桥至天池道路，碎屑流阻断道路、河流，形成堰塞湖淹没乡政府

第 15 章　成绵高速及成都市部分桥梁

15.1　概述

“5·12”大地震波及成都市区。成灌高速、成彭高速、成绵高速等是通往重灾区的重要路线，为保障国际国内抗震救援人员及物资能快速、安全地到达灾区，成绵高速公路作为通往灾区的生命线，成都绕城高速作为成都市重要集散交通干线，成都市区部分桥梁作为市区交通枢纽，必须保证道路通畅，运营安全。

为保证灾后应急交通需求，我院紧急派出几批应急技术人员对成绵高速及成都市部分桥梁进行现场勘察。

地震当天晚上 20 时左右（震后 6h 左右），我院组织一批应急检测技术人员与成都市城市道路桥梁管理处工作人员赶赴成都市各主要桥梁工点进行应急现场踏勘调查。2008 年 5 月 13 日起，我院对绕城高速西段及成都市区疑似存在震害的 7 座桥梁进行了应急调查，于 2008 年 6 月对绕城高速西线部分桥梁进行特殊检测。经调查检测确认，成都绕城高速西段及市区疑似存在震害的 7 座桥梁均满足应急交通需求，可安全通行。

地震当天下午和第二天，在成绵高速公路罗江管理处和成绵公司养护人员的配合下，我院分两批派技术人员对成绵高速公路病害严重的 K83 金山出口两座分离式跨线桥进行了应急调查，调查后认为这两座桥在适当交通管制的情况下可以应急通行。

15.2　震害调查及应急措施

15.2.1　成绵高速公路

1）震害概况

由于受地震力的作用，成绵高速公路 K83 金山出口两座分离式板桥均不同程度地受到破坏，经现场踏勘，发现有如下 4 处主要桥梁震害：

(1) 台身侧墙出现裂缝，每个侧墙均有不同程度的裂缝；侧墙顶的条石有不同程度的水平错动(图 15.1、图 15.2)。

(2) 伸缩缝处受地震力作用，产生不均匀沉降，造成跳车，台后路面局部下陷（图 15.3)。

(3) 中央防撞墙受挤压，局部被挤出、压碎（图 15.4)。

(4) 桥梁两侧边缘发生错动，钢绞线防撞护栏出现脱落、损坏（图 15.5)。

2）应急措施

(1) 派员全天 24h 对桥梁进行观察，发现险情及时实施交通管制，并尽快恢复交通。

(2) 设减速带，竖减速标志，并配置专人现场组织交通，以保证在抗震救灾的特殊时期不断道。

(3) 使用沥青砂浆等材料临时填补台后的下陷部位，将错台的伸缩缝处理成平滑的鱼腹式，以

图 15.1 K83 金山出口分离式跨线桥立面图

图 15.2 K83 金山出口分离式跨线桥桥台侧墙竖向开裂

图 15.3 K83 金山出口分离式跨线桥伸缩缝处路面下陷

图 15.4 K83 金山出口分离式跨线桥桥台侧墙竖向开裂

图 15.5 K83 金山出口分离式跨线桥两侧边缘错动，钢绞线防撞护栏脱落

减轻跳车对桥梁梁板的损坏，保证结构的安全，保障道路的畅通。

(4) 待抗震救灾结束后，对桥梁进行全面的检查，结合原设计图及竣工图，对桥梁主要结构进行拆换、加固等设计、施工。

15.2.2 成都绕城高速西段调查

成都绕城高速（西段）全长 41.38km，于 1998 年 12 月开工，2001 年 12 月竣工。目前绕城高速公路西段有双流站、成温邛站、成灌站、成彭站 4 个站点，全为互通式立交，是连接成都市区与成温邛高速、成灌高速、成彭高速的主要通道。

根据调查结果，成都绕城高速西段主要节点桥梁局部存在轻微震害，经初步评估，并未导致成都绕城高速西段在正常运行条件下承载能力的明显下降，能达到震前该桥的结构承载能力，满足应急交通需求。

1）K51+090 接待寺互通式立交

接待寺立交位于绕城高速 K51+090 处，由主线桥及 8 个地面匝道组成。主线桥跨越新川藏线，斜交。其上部结构为 3×25m 预应力混凝土连续箱梁，桥面宽 48.5m，下部结构采用桩柱式桥台，左、右幅均为钢筋混凝土三柱式桥墩（图 15.6 ～图 15.9）。

图 15.6 接待寺互通立交左幅白家岸桥台右侧挡块混凝土碎落

图 15.7 接待寺互通立交左幅三河场岸桥台右侧挡块底部受挤压横向水平开裂

图 15.8 接待寺互通立交左幅三河场岸梁板右侧板底面局部混凝土碎落

图 15.9 接待寺互通立交右幅三河场岸桥台右侧翼板下方挡墙混凝土碎裂

2）K60+646 文家场立交桥

文家场立交桥位于绕城高速 K60+646 处，由主线桥（M）及 A、B、C、D、E、F、G、H 共计 8 个匝道（桥）组成，除 A、C 匝道位于地面外，其余 6 个为匝道桥。主线桥跨越成温邛高速公路，桥面宽度 35.5m，采用左、右幅分离式结构，共计 23 跨，其桥跨组成为：8×25m+2×27.32m+3×25m+27.32m+9×25m，桥长 593.71m。6 个匝道桥宽均 8.5m，其中 B、D、E、H 匝道桥桥跨组成均为 3×25m，桥长 83m；F 匝道桥桥跨组成为：6×25m+30m+3×25m，桥长 236.75m；G 匝道桥桥跨组成为：2×25m+30m+3×25m，桥长 171m。其主要震害如图 15.10 ～图 15.14 所示。

图 15.10 文家场立交右幅 4 号伸缩缝受挤压合拢

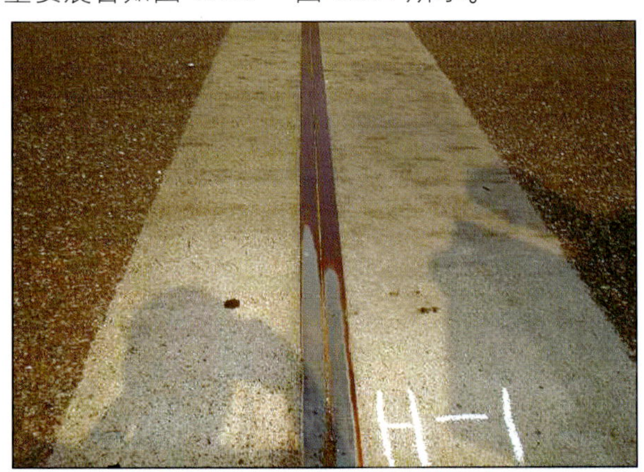

图 15.11 文家场立交 H 匝道 1 号伸缩缝受挤压合拢

图 15.12 文家场立交桥墩顶混凝土破损、露筋

图 15.13 文家场立交桥桥台台帽开裂，延入前墙

图 15.14 文家场立交桥伸缩缝旁护栏混凝土挤碎

3）K67+408 犀浦互通式立交桥

犀浦互通式立交桥位于绕城高速 K67+408 处，主线桥（M）跨越城灌高速公路，采用左、右幅分离式结构，左幅共计 38 跨，右幅共计 37 跨；另设 A、B、C、D、E、F、G、H 共计 8 个匝道，除 G 匝道位于地面外，其余 7 个均为匝道桥。A、H 匝道为 10m 宽双车道，B、C、D、E、F、G 匝道为 8.5m 宽单车道。上部结构为预应力钢筋混凝土连续箱梁；下部结构采用 U 形桥台，主线桥采用双桩柱式桥墩，匝道桥采用单桩柱式墩。其主要震害如图 15.15 ～图 15.22 所示。

图 15.15　犀浦互通左幅主线桥墩底泥土松动

图 15.16　犀浦互通左幅主线桥墩底泥土松动

图 15.17　犀浦互通右幅主线桥挡墙侧面斜向开裂

图 15.18　犀浦互通右幅主线桥混凝土剥落，集料外露

图 15.19　犀浦互通右幅主线桥挡墙斜向下开裂

图 15.20　犀浦互通右幅主线桥混凝土护栏上棱角开裂

图 15.21　犀浦互通匝道桥墩顶露筋

图 15.22　犀浦互通匝道桥内侧挡墙碎裂

4）K79+100 大丰互通式立交桥

桥位于绕城高速公路（西段）K79+100 处，上跨成彭公路。上部结构采用 5×16m+1×20m+5×16m 预应力混凝土空心板，下部结构采用桩柱式墩台。支座采用矩形板式橡胶支座。左、右幅分离；桥梁总宽度不变，左、右幅桥宽渐变；桥面连续。其主要震害如图 15.23 ～图 15.30 所示。

图 15.23　大丰互通右幅 2 号伸缩缝护栏混凝土挤碎

图 15.24　大丰互通右幅 2 号伸缩缝左侧绿化带路缘石混凝土碎裂

图 15.25　大丰互通挡块横、斜向开裂，局部混凝土碎裂、露筋

图 15.26　大丰互通盖梁外端挡块斜向下开裂延伸入盖梁

图 15.27　大丰互通墩顶与盖梁连接处混凝土水平开裂

图 15.28　大丰互通墩周围泥土松动

图 15.29　大丰互通护坡局部塌陷，面层碎落

图 15.30　大丰互通护坡纵向开裂

15.2.3　成都市市区 7 座桥梁

经现场踏勘，成都市主要桥梁中 7 座桥梁疑似存在病害，故应急调查时主要针对 7 座主要桥梁进行，分别为青龙场立交桥南引桥、九眼桥引桥、刃具厂立交桥、十二桥、东风桥、锦江桥、西北桥。

青龙场立交桥南引桥、九眼桥南北引桥、刃具厂立交桥、十二桥 4 座桥梁局部存在轻微震害。初步评估这 4 座桥梁局部震害并未导致在正常运行条件下承载能力的明显下降，能达到在震前该桥的结构承载能力。这 4 座桥可正常使用，满足应急交通需求。

东风桥、锦江桥、西北桥 3 座桥梁未发现由地震引起的明显墩台移位、沉降及其引发的主拱、桥墩（台）和拱脚开裂等病害。这 3 座桥可正常使用，满足应急交通需求。

1）青龙场立交桥南引桥

青龙场立交桥位于成都市北部，是连接成都市区与成绵高速公路的主要通道。该桥南引桥共 56 跨，上部结构为多跨连续梁，下部结构为圆形或矩形截面双柱墩。其震害如图 15.31 ~ 图 15.34 所示。

图 15.31　青龙场立交桥南引桥墩柱顶部破损

图 15.32　青龙场立交桥南引桥墩柱顶部破损露筋

图 15.33 青龙场立交桥南引桥伸缩缝拉伸变形

图 15.34 青龙场立交桥南引桥墩柱中下部混凝土表层爆裂

2）九眼桥引桥

九眼桥位于成都市东南部，跨越府南河，是成都市一环路上的重要桥梁。该桥南、北引桥上部结构形式均为 3 跨连续梁（板），下部结构为 V 形墩。其震害如图 15.35 ～图 15.39 所示。

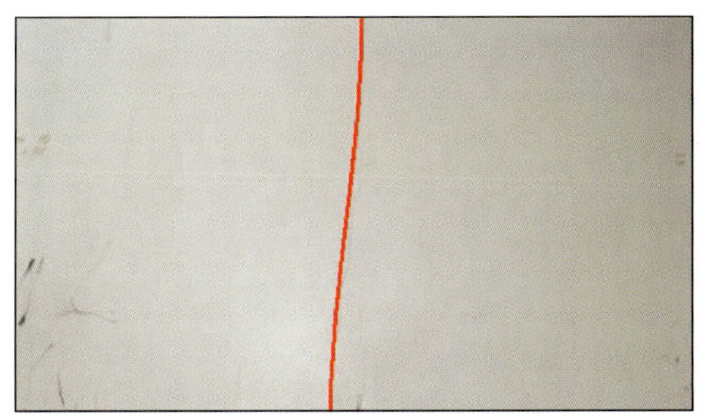
图 15.35　九眼桥引桥南桥台竖向开裂

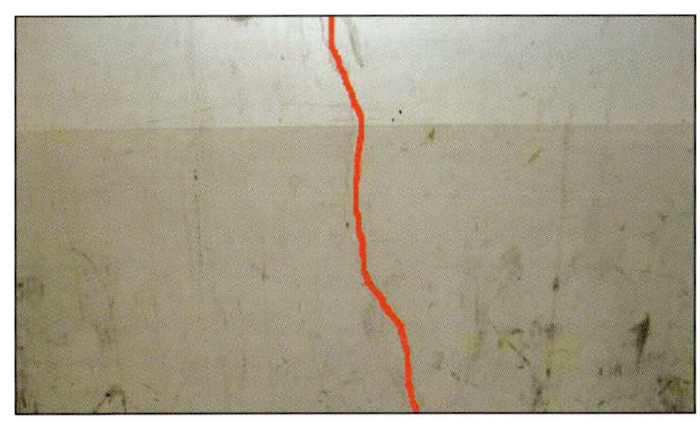
图 15.36　九眼桥引桥北桥台竖向开裂

图 15.37　九眼桥引桥南岸桥台前墙混凝土碎裂

图 15.38　九眼桥引桥北岸桥台前墙混凝土碎裂

图 15.39　九眼桥引桥梁体混凝土挤压破碎

3）刃具厂立交桥

刃具厂立交桥位于二环路北段，与红星路相交，也是连接成都市区与成绵高速公路的主要通道。该桥上部结构形式为现浇混凝土连续梁和简支混凝土预制板梁相结合，下部结构为带盖梁的矩形墩。其震害如图 15.40 ～图 15.45 所示。

图 15.40　刃具厂立交桥防撞护栏挤压破碎

图 15.41　刃具厂立交桥隔音片移动与立柱靠拢

图 15.42　刃具厂立交桥梁体整体向弯道外侧偏移

图 15.43　刃具厂立交桥梁体整体向弯道外侧偏移

图 15.44　刃具厂立交桥钢垫板与橡胶支座平移

图 15.45　刃具厂立交桥钢垫板与橡胶支座旋转

POSTSCRIPT 后　　记

“5·12”汶川 8.0 级特大地震已经过去了 100 余天，从 2008 年 5 月 17 日抢通国道 213 线都江堰—映秀到 2008 年 9 月 1 日国道 213 线映秀—汶川段线全线贯通，标志着四川灾区国省干线已经大部分抢通，灾区恢复重建工作交通得到保证。但截止到本书出版，四川省国省干线仍有 S303 映秀—耿达、禹里—擂鼓镇（唐家山堰塞湖的影响）两条路及部分乡村道路正在努力打通。我院大批技术骨干仍然战斗在保通、打通以及恢复重建一线工作，为抗震救灾提供技术支撑。

“5·12”汶川大地震公路损失惨重，震害机理极其复杂。深入研究地震破坏结果，需要一个长期的过程；高烈度地震区公路如何修建，如何保证生命线抗灾能力，毁坏的公路结构物如何加固恢复等均需要更加系统的认真研究实施。目前，余震还在继续，灾区道路的保通任务依然艰巨，崩塌滑坡等次生灾害仍在频繁发生，做好灾区公路保通和恢复重建是我们交通人的责任。我们将尽最大努力作好技术支持，为灾区恢复重建提供交通保障。

附：

参加抗震救灾应急调查与方案研究部分人员

调查抢通总负责：唐永建院长，技术负责：庄卫林总工程师

序号	项目名称	参　加　人　员
1	都江堰—映秀段（G213 线）	G213 线（2008 年 5 月 14 日～2008 年 5 月 15 日）：徐德玺、吉随旺、蒋劲松、王道雄、张涛 213 线水陆结合（2008 年 5 月 14 日）：唐永建、余明、王凌云、江大兴、王登茂、徐兵、李胜伟、余强、刘朋榕 G213 线（2008 年 5 月 16 日～2008 年 5 月 17 日）：蒋劲松、田波、牟廷敏 G213 线（2008 年 5 月 18 日）：庄卫林、黄道全、李海清、蒋劲松、刘万春、周永江、向波、余强、田波、易志宏、谭邦明、钟勇、张斌、倪小军、孙安洪、陈强、李勇
2	都汶高速公路	2008 年 5 月 13 日江大兴、谭顺坤、徐兵 2008 年 5 月 15 日～2008 年 5 月 17 日郑金龙、王联、田志宇 2008 年 5 月 17 日徐德玺、王凌云、王道雄、江大兴、曹毅、陈强、谭顺坤、李勇（公路三处）、徐兵 2008 年 5 月 18 日王联、钟勇、林国进、江中平、李泳伸、韦远飞 2008 年 5 月 21 日～2008 年 6 月 9 日李本伟、贺智功、吉随旺、李萼雄、吴涤、何清友、高雪瞻、汪军、胡德贵、李紫薇、朱国保、胡翔、陶双江、宋恒扬、刘蕾蕾、刘洪生、张毅、吉军强、何小林
3	成都—雅安—宝兴—小金—马尔康—汶川—抢险救灾西线公路	2008 年 5 月 14 日～2008 年 5 月 18 日李玉文、李勇、熊杰、马洪生、姚红兵、赵川生、李本伟、胡德贵、刘蕾蕾、朱国保、李紫薇、汪军
4	汶川县寿江桥—水磨—三江公路	2008 年 5 月 19 日唐永建、刘万春、何恩怀、余强、刘朋榕 2008 年 6 月 25 日吉随旺、杨智敏
5	G213 线映秀—汶川	2008 年 5 月 15 日刘四昌、王登茂、曹毅、陈强、邱明生 2008 年 5 月 15 日～2008 年 5 月 16 日唐永建、何恩怀、余强、陈强、王联、陈兵、刘朋榕 2008 年 6 月 5 日～2008 年 6 月 8 日王登茂、李海清、江大兴、刘家顺、王有成、邵斌、廖文林、陈贵红 2008 年 6 月 16 日吉随旺、王登茂、马洪生、邵斌、刘天祥 2008 年 6 月 17 日～2008 年 8 月 30 日唐永建、庄卫林、徐德玺、蒋劲松、江大兴、李宇、蒋建军、易志宏、宋扬

续上表

序号	项目名称	参 加 人 员
6	S303 线映秀—日隆	第 1 组时间：2008 年 5 月 18 日 ~ 2008 年 5 月 19 日 映秀至卧龙：宋光润、陈朝晖、杨昌凤、李树鼎 第 2 组时间：2008 年 5 月 18 日 ~ 2008 年 5 月 21 日 小金至卧龙：李玉文、李本伟、胡德贵、马洪生、毛成、杨智敏第 3 组时间：2008 年 5 月 27 日 ~ 2008 年 5 月 28 日 映秀至耿达：杨昌凤、汪晓锋 第 4 组时间：2008 年 6 月 5 日 ~ 2008 年 6 月 7 日 三江至卧龙、耿达至三江：乔定健、向波、叶尚其、杨辉平、周晋、黄麟 第 5 组时间：2008 年 6 月 2 日 ~ 2008 年 6 月 11 日 卧龙至映秀、卧龙至日隆（双桥沟）陈朝晖、汪晓锋、钟涛，贾世富、李兵、唐铣亮、毛成、向波，杨辉平 第 6 组时间：2008 年 6 月 16 日 ~ 2008 年 6 月 17 日 映秀至耿达方向 4km：刘万春、陈朝辉、乔定建、周永江、向波、游向平、苏玉杰、韦远飞、向涛
7	汶川北线（G213 线、S301、S205、川九路等）	2008 年 6 月 3 日 ~ 2008 年 6 月 7 日贺智功、何清友、宋恒扬、高雪瞻、杨智敏、何小林、李紫薇、罗雪涛、罗隆辉、余金怀、谢帮伟、叶译
8	极重灾区交通基础设施灾后震害及重建规划现场调查	2008 年 5 月 21 日 ~ 2008 年 5 月 24 日唐永建、戴勤堂、王金平、周霆、鲁泽刚、黄麟、罗洪、梁晓明、郭晓东、易志宏、林志敏、刘天祥
9	广元金（子山）—青（川）公路	2008 年 5 月 19 日 ~ 2008 年 5 月 20 日余明、王凌云、冮大兴、王道雄
10	什邡市广青路道路	2008 年 5 月 14 日程强、余建华、刘天祥
11	S105 线绵阳至北川公路	2008 年 5 月 19 日吉随旺、乔定健、郭晓东、韩照文
12	S302 线茂县—北川	何恩怀、郭晓东、马洪生
13	成绵高速公路 K83 公里分离式跨线桥	2008 年 5 月 12 日 ~ 2008 年 5 月 13 日戴勤堂、周益云、 郭晓东、吉随旺
14	成都市城市 7 座桥梁应急结构检测	2008 年 5 月 12 日 ~ 2008 年 5 月 20 日贺智功、李萼雄、吴涤、何清友、唐协、高雪瞻、胡翔、宋恒扬、陶双江、吉军强、叶竟、兰军
15	德阳—乐山大件路	2008 年 5 月 25 日 ~ 2008 年 5 月 27 日贺智功、何清友、宋恒扬、李紫薇、黄麟、李健、肖雨、刘洪生、郭定世
16	汉旺—清平公路	2008 年 6 月 15 日 ~ 2008 年 06 月 19 日盛兴富、王生锋、刘玉荣 2008 年 7 月 6 日吉随旺、盛兴富 2008 年 7 月 22 日 ~ 2008 年 7 月 27 日盛兴富、王生锋、刘玉荣 2008 年 7 月 31 日 ~ 2008 年 8 月 6 日盛兴富、王生锋、刘玉荣、肖荣、马虎 2008 年 8 月 6 日、2008 年 8 月 18 日盛兴富、刘玉蓉 2008 年 8 月 19 日 ~ 2008 年 8 月 22 日徐德玺、刘万春、熊杰、何恩怀、韩照文、李兵、杨健
17	保通调查	略